Der Mord als eine schöne Kunst betrachtet

THOMAS DE QUINCEY (1785–1859) ist in der deutschsprachigen Literatur vor allem durch seine autobiografischen *Bekenntnisse eines englischen Opiumessers* bekannt. Sein Werk beeinflusste u. a. Schriftsteller wie Samuel Coleridge, Edgar Allan Poe, Aldous Huxley, Gottfried Benn und Charles Baudelaire. Er gilt als einer der großen englischen Essayistiker, nicht zuletzt auf Grund von *Der Mord als eine schöne Kunst betrachtet.*

THOMAS DE QUINCEY

Der Mord als eine schöne Kunst betrachtet

Autorenhaus Verlag

Die Deutsche Bibliothek – CIP-Einheitsaufnahme
Ein Titeldatensatz für diese Publikation ist bei
der Deutschen Bibliothek erhältlich.

Neu herausgegeben und bearbeitet von Gerhild Tieger

Nach der deutschen Erstausgabe in der Übersetzung von
Alfred Peuker, Minden 1913

Umschlaggestaltung: Sigrid Pomaska
Umschlagabbildung: mauritius/nonstock

© 2004 Autorenhaus Verlag
ISBN 3-932909-42-9

Nachdruck, Verwendung in anderen Medien,
insbesondere im Internet, auch auszugsweise nur mit
schriftlicher Genehmigung des Verlags.
Umwelthinweis: Dieses Buch wurde auf chlor- und
säurefreiem Papier gedruckt.

Inhalt

Einführung 7

ERSTER TEIL

Der Leser lernt einen Mann von
krankhafter Tugend kennen 11

Die Vorlesung 15

ZWEITER TEIL

Über den Mord 53

DRITTER TEIL

Nachschrift vom Jahre 1854
nebst einem Bericht über Williams'
und M'Keans Morde 71

Anmerkungen des Herausgebers 129

Einführung

Thomas de Quincey betrachtet in seiner Satire *Murder Considered as One of the Fine Arts* den »Mord als eine der schönen Künste«. Wir haben den Titel der ersten deutschen Ausgabe – *Der Mord als eine schöne Kunst betrachtet* – in der Übertragung von Alfred Peuker, die zuerst in Minden im Verlag von J. C. C. Bruns erschienen ist, beibehalten. Die Texte wurden behutsam bearbeitet, die satirischen Passagen über das englische Club-Wesen leicht gekürzt.

Das Buch hat vier Teile, de Quincey stellt die Vorrede eines »anonymen« XYZ voran:

VORLESUNG – eine Theorie der Perfektion des Mordes von der Analyse bis zu Anweisungen für die Inszenierung eines Mordes unter ästhetischen Gesichtspunkten;

ÜBER DEN MORD – berichtet von einer Sitzung des Mordliebhaber-Clubs, in der literarische Mordbeschreibungen untersucht und verschiedene Morde, die Mordwaffen und Täter diskutiert werden;

NACHSCHRIFT – enthält de Quinceys minutiös beschriebenen Verlauf der schrecklichen Ratcliffe-Morde;

ANMERKUNGEN DES HERAUSGEBERS – liefern weitere Hintergrundinformationen und Details.

De Quinceys Text, der mit schwarzem Humor in stilistisch brillanter Weise den künstlerisch vollendeten Mord nahezu rechtfertigt, zählt zu den großen englischen Essays. Dass es darin nicht allein um Satire geht, schreibt der Literaturkritiker

Joachim Kalka im »Spiegel spezial« vom Oktober 2003: »Mit seinem kühnen Essay *Der Mord als eine schöne Kunst betrachtet* ist der englische Romantiker Thomas de Quincey so etwas wie der Schutzheilige des Kriminalromans geworden – all der Texte, die den Mord ästhetisch auffassen, als Problem mit eleganter Lösung. De Quincey wirft uns beiläufig zurück auf die eigentlich ängstigende Frage, bei der die Gemütlichkeit aufhört: Was gefällt uns daran so sehr?«

Die akribische Beschreibung der Ratcliffe-Morde, die an Daniel Defoes Flugschriften und Truman Capotes *Kaltblütig* erinnern, beunruhigen und verstören den Leser, denn hier wechselt die unterhaltende Satire über in die blutige Wirklichkeit des keineswegs ästhetischen Mordes.

Thomas de Quinceys Essay über den Mord ist selbst nach fast zwei Jahrhunderten ein zeitloses Meisterwerk.

ERSTER TEIL[1]

- 1 -

Der Leser lernt einen Mann von krankhafter Tugend kennen [2]

Der geneigte Leser wird vielleicht schon von der Gesellschaft zur Förderung des Lasters, dem Höllenfeuerklub, gehört haben, der im verflossenen Jahrhundert von Sir Francis Dashwood gegründet wurde.[3] Auch in Brighton bildete sich eine Gesellschaft zur Bekämpfung der Tugend, die zwar wieder aufgehoben wurde, leider aber ein noch viel abscheulicheres Seitenstück in London besitzt, nämlich eine Gesellschaft zur Förderung des Mordes oder, wie sie sich selbst mit vornehmem Euphemismus nennt, den Klub der Mordkünstler. Die Mitglieder dieser Vereinigung rühmen sich Künstler im Totschlag, Amateure und Dilettanten in den verschiedenen Arten des Abschlachtens, mit einem Wort, Mord-Liebhaber zu sein. Jedes in den europäischen Polizeiberichten auftauchende derartige Verbrechen wird von ihnen besprochen und kritisiert, wie etwa ein Bild, eine Skulptur oder irgendein anderes Kunstwerk. Trotz aller erdenklichen Vorsichtsmaßnahmen, durch die sie ihre Verhandlungen vor der Öffentlichkeit geheim zu halten bemüht sind, ist mir zufällig einer der Berichte in die Hände gefallen, die den versammelten Klubmitgliedern allmonatlich vorgelesen werden und den Geist jener Vereinigungen besser kennzeichnen als all meine Worte und Schilderungen dies vermöchten. Mit der Veröffentlichung dieser Vorlesung verfolge ich gleichzeitig den Zweck, die Mitglieder des Medmenham-Klubs zu warnen, ohne ihren Namen an den Pranger zu stellen; zu diesem Gewaltmittel möchte ich

nämlich erst dann meine Zuflucht nehmen, wenn meine Warnung ungehört verhallen sollte. Denn mein ganzes moralisches
Empfinden empört sich dagegen, solche Scheußlichkeiten in
einem christlichen Staate dulden zu sollen. Wurden doch sogar
schon in den Zeiten des antiken Heidentums Stimmen laut, welche die fürchterlichen Schaukämpfe in den römischen Amphi-
theatern aufs Schärfste verurteilten. Lactantius[4] zum Beispiel
gibt seiner Entrüstung über jene öffentliche Sanktionierung des
Mordes in Worten Ausdruck, die eigens auf das von mir ange-
schnittene Thema gemünzt zu sein scheinen:

*»Quid tam horribile«, sagt er, »tam tetrum, quam hominis trucidatio?
Ideo severissimis legibus vita nostra munitur; ideo bella execrabilia sunt.
Invenit tarnen consuetudo quatenus homicidium sine bello ac sine legibus faciat; et hoc sibi voluptas quod scelus vindicavit. Quod, si interesse
homicidio sceleris conscientia est, et eidem facinori spectator obstrictus est
cui et admissor, ergo et in his gladiatorum caedibus non minus cruore
profunditur qui spectat quam ille quifacit: ne potest esse immunis a san-
guine qui voluit effundi; aut videri non interfecisse qui interfectori et favit
et praemium postulavit.«*

»Was ist so scheußlich«, sagt Lactantius, »so verabscheuenswür-
dig und empörend wie der Mord eines menschlichen Wesens?
Die strengsten Gesetze gewährleisten bei uns die Sicherheit
des Lebens und der Krieg gilt uns als eine fürchterliche Heim-
suchung. Und dennoch hat sich in Rom eine Liebhaberei ein-
gebürgert, die allen Gesetzen Hohn spricht und im Grunde
genommen nichts Anderes ist als verkappte Blutgier.«

Das mag die Gesellschaft der Herren Mordkünstler sich gesagt sein lassen und besonders den Sinn des folgenden Satzes
beherzigen, der mir so schwerwiegend erscheint, dass ich es
versuchen möchte, ihn ebenfalls in unserer Sprache hier wie-
derzugeben.

»Wenn schon unsere bloße Anwesenheit bei einem Mord
den Verdacht der Mitschuld auf uns wälzen kann, so folgt daraus mit unerbittlicher Logik, dass die Hand des Beifall spenden-

den Zuschauers bei einem Schaumord im Amphitheater nicht minder blutbefleckt ist als die Hand desjenigen, der unten in der Arena den tödlichen Streich führt. Wem Blutvergießen ein Schauspiel ist, der macht sich zum Mitschuldigen des Mörders und wer dabei gar die Hand zum Beifall rührt oder Preise an die Mörder austeilt, den müsste man eigentlich der Beihilfe zum Mord bezichtigen.«

Wenn nun auch meines Wissens die Londoner Mordliebhaber noch nie des *praemia postulavit* beschuldigt worden sind, obwohl ihre Neigungen und Bestrebungen unzweideutig nach dieser Richtung zielen, so liegt jedoch das *interfectori favit* schon im Titel jener Gesellschaft und in jeder Zeile nachstehender Abhandlung.

X. Y. Z.[5]

Ein Mann von krankhafter Tugend | **13**

- 2 -

Die Vorlesung

Meine Herren!

Mir ist von Ihrem Komitee der schwierige Auftrag zuteil geworden, Ihnen eine Vorlesung über die Williamssche Abhandlung
»Der Mord als eine schöne Kunst betrachtet« zu halten. Noch
vor drei oder vier Jahrhunderten hätte dieses Thema keine
sonderlichen Schwierigkeiten geboten, da jene Kunst noch wenig entwickelt war und nur einzelne große Vorbilder gezeitigt
hatte. In unserem Zeitalter jedoch, das die Meisterleistungen
begnadeter Mordkünstler gesehen hat, muss auch die kritische
Würdigung ihrer Taten einen höheren Anspruch haben, denn
Praxis und Theorie müssen *pari passu* vorwärts schreiten. Man
beginnt allmählich einzusehen, dass zur künstlerischen Vollendung einer Mordtat doch etwas mehr gehört als ein Messer,
eine Börse, eine dunkle Gasse und zwei Schafsköpfe, von denen
der eine dem anderen den Hals durchschneidet. Scharfsinnige
Berechnung, meine Herren, feinsinnige Verteilung von Licht
und Schatten, kurzum ein hoch entwickeltes, künstlerisches
Empfinden, das sind die unerlässlichen Vorbedingungen zu
einer solchen Tat.

Mr. Williams[6] hat uns allen darin ein unerreichbares Ideal
aufgestellt und mir dadurch meine Aufgabe wesentlich erschwert. Wie Aischylos oder Milton in der Poesie, wie Michel-
angelo in der Malerei, so hat er seine Kunst zu schwindelnder
Höhe empor geführt und – wie Mr. Wordsworth treffend bemerkt – »uns selbst zu künstlerischem Genuss seiner Taten er-
zogen«. Die Geschichte dieser eigenartigen Kunst zu studieren

und ihre Grundsätze kritisch zu beleuchten, bleibt nun dem Kenner und einem Richter vorbehalten, dessen Gepräge sich von demjenigen der Herren Richter in Ihrer Majestät Gerichten allerdings wesentlich unterscheidet.

Bevor ich jedoch meine eigentlichen Darlegungen beginne, möchte ich mich zunächst mit einigen Worten gegen gewisse Spießer wenden, welche die Bestrebungen unserer Vereinigung als unmoralisch brandmarken wollen. Unmoralisch! Beim Jupiter, meine Herren, was wollen diese Leute eigentlich?[7] Ich bin gewiss der Erste, der für Tugend und Moral eintritt und ich gestehe unumwunden zu, dass der Mord ein verdammenswertes Verbrechen ist, und dass derjenige, der sich eines solchen Verbrechens schuldig macht, weder seiner Denkweise noch seinen Grundsätzen nach zu den einwandfreien Charakteren gehört. Es liegt mir ebenfalls völlig fern, ihm etwa dadurch in die Hände zu arbeiten, dass ich ihm den Schlupfwinkel seines Opfers verrate, wie ein großer deutscher Philosoph dies allen Ernstes von jedem rechtschaffenen Menschen verlangt;[8] ja, ich würde für seine Ergreifung sogar einen Shilling und sechs Pence opfern, also achtzehn Pence mehr als die größten Moralisten bisher dafür übrig gehabt haben. Im Übrigen aber hat jedes Ding zwei Seiten. Den Mord zum Beispiel kann man einesteils von der moralischen Seite und meiner Meinung nach schwächeren Seite betrachten, wie dies gewöhnlich von der Kanzel herab und im Schwurgericht geschieht, man kann ihn andererseits aber auch ästhetisch würdigen, das heißt mit Rücksicht auf den künstlerischen Geschmack.

Um meine Darlegungen wirksam zu illustrieren, möchte ich mich auf das Zeugnis dreier berühmter Autoritäten berufen, nämlich S. T. Coleridge, Aristoteles und des bekannten Chirurgen Mr. Howship.

Lassen Sie mich mit S. T. Coleridge beginnen: Vor vielen Jahren saß ich eines Abends mit ihm beim Tee in Berner Street, die trotz ihrer unbedeutenden Ausdehnung schon so vielen genialen Naturen befruchtende Anregungen geboten hat.[9] Außer in allerhand leiblichen Genüssen – wie Tee und Toast – schwelgte unsere kleine Tafelrunde in S.T. Coleridges geistvollen Darlegungen über Plotinus. Plötzlich erschallte der Ruf: »Feuer! Feuer!«, und mit größter Geschwindigkeit stürzten wir alle auf die Straße, um uns das Schauspiel anzusehen. Der Brand war in einem Pianoforte-Lager in der Oxford Street ausgebrochen, und da er sich zu einer bedeutenden Feuersbrunst auszuwachsen versprach, so bedauerte ich lebhaft, dass anderweitige Verpflichtungen mich aus unserem kleinen Kreise abriefen, noch ehe das imposante Schauspiel seinen Höhepunkt erreicht hatte. Als ich nach einigen Tagen wieder mit meinem Gastfreund zusammentraf, erkundigte ich mich nach dem Verlauf des Brandes. »Oh, Sir«, erwiderte er ärgerlich, »er wurde so schnell gelöscht, dass wir alle wütend waren.« Nun wird wohl niemand daran zweifeln, dass Mr. Coleridge, obwohl er zu aktiver Betätigung seiner Tugend viel zu dick und bequem war, dennoch entschieden zu den guten Christen zu rechnen ist. Niemand wird ihn einer Brandstiftung für fähig halten oder ihm zutrauen, dass er jenem armen Kerl und seinen Pianofortes irgendetwas Böses wünschen könnte. Ich möchte im Gegenteil meinen Kopf dafür zum Pfand setzen, dass Mr. Coleridge sich im Notfall selbst an die Spritze gestellt und aus Leibeskräften löschen geholfen hätte, was ihm bei seiner Korpulenz gewiss nicht leicht gefallen wäre. In diesem Falle jedoch kam es auf eine derartige Hilfsbereitschaft gar nicht an. Sobald die Feuerspritzen an der Brandstätte erschienen, mochte die Versicherungsgesellschaft den Standpunkt der Moral vertreten, Mr. Coleridge, der um des interessanten Schauspiels willen seinen Tee hatte stehen lassen, war vollkommen im Recht, wenn er sich enttäuscht fühlte, als die erhoffte Augenweide seinen Erwartungen nicht entsprach. Und ich behaupte, dass unter den vorhin geschilderten Umständen auch der ehrenwerteste Mann berechtigt war, die Feuersbrunst als geistigen Leckerbissen zu genießen und sie wie irgendein anderes Schaustück, das im Publikum zuerst große Erwartungen erregte, später aber nicht erfüllte, auszuzischen.

Die Vorlesung | 17

Noch auf weitere Autoritäten kann ich mich berufen: Im fünften Buch seiner »Metaphysik« (wenn ich nicht irre) schildert Stagiras großer Sohn einen »vollendeten Dieb«[10]; und in seiner Abhandlung über Verdauungsprobleme hat Mr. Howship[11] keine Bedenken, von einem »wundervollen Geschwür« zu sprechen. Nun wird wohl niemand behaupten, dass ein Dieb dem Aristoteles als vollkommener Charakter gegolten hätte, oder dass Mr. Howship über ein Geschwür tatsächlich in Begeisterung geraten wäre. Aristoteles war ein so lauterer Charakter, dass er sich nicht damit begnügte, seine moralischen Grundsätze in dem Oktavbändchen der Nikomachischen Ethik niederzulegen, sondern noch ein umfangreiches moralphilosophisches Werk schrieb, die so genannte »Magna moralia«. Wer aber ethische Grundsätze irgendwelcher Art aufstellt, kann nicht gleichzeitig einen Dieb per se bewundern. Ähnlich liegt die Sache bei Mr. Howship, der doch auf alle Geschwüre der Grafschaft Middlesex Jagd macht, ohne sich durch ihre Reize verführen zu lassen. Es ist aber trotzdem nicht zu leugnen, dass sowohl ein Dieb als auch ein Geschwür, so verabscheuungswürdig sie an sich auch sein mögen, es doch in ihrer Art zum höchsten Grad der Vollkommenheit bringen können. *Spartam nactus es, honc exorna.* Ein Dieb wie Autolycus oder der weiland berühmte George Barrington[12] und ein fressendes Krebsgeschwür[13], das man durch alle Stadien der Entwicklung hindurch beobachtet,

können das Ideal ihrer Gattung genauso gut verkörpern wie eine eben erblühte Moosrose oder auf dem Gebiet menschlicher Entwicklung ein mit allen Reizen seines Geschlechts geschmücktes, voll erblühtes junges Weib.

So kann man also nicht nur von einem idealen Tintenfass sprechen, wie Coleridge es in seinem berühmten Briefwechsel mit Blackwood[14] so ausführlich beschreibt, obwohl an einem Tintenfass ohnehin nicht viel auszusetzen ist, da man es an sich schon eine lobenswerte Sache und ein sehr nützliches Mitglied der menschlichen Gesellschaft nennen kann – auch bei der unvollkommensten Sache der Welt gibt es einen Zustand höchster Vollendung oder einen Idealzustand.

Verzeihen Sie diese philosophischen Abschweifungen, meine Herren, ich schreite sofort zur Nutzanwendung. Wenn ein Mord noch nicht geschehen ist, sondern erst geplant wird und ein Gerücht davon uns zu Ohren kommt, so ist es selbstverständlich unsere Pflicht und Schuldigkeit, uns hierbei voll und ganz auf den Standpunkt der Moral zu stellen. Setzen wir aber einmal den Fall, die Tat sei schon geschehen, oder, wie jener harte Molossus[15] aus der *Medea* es ausdrückt, wir ständen vor einem *fait accompli* und könnten sagen »es ist vollbracht«. Nehmen wir an, das arme Opfer habe ausgelitten und der schurkische Täter sei spurlos verschwunden; nehmen wir ferner an, wir hätten bei seiner Verfolgung – obwohl ohne jeden Erfolg – unser Möglichstes geleistet, »*abiit, evasit, excessit, erupit*« usw. – was könnte man dann noch mehr von uns verlangen?

Der Moral ist vollauf Genüge geschehen, jetzt können auch Geschmack und Kunstsinn zu ihrem Recht kommen. Es handelt sich ja fraglos um eine sehr traurige Angelegenheit, allein daran vermögen wir doch nichts zu ändern. Deshalb wollen wir uns bemühen, ihr die beste Seite abzugewinnen und, da für die Moral nun einmal nichts dabei herausschaut, ihr vom ästhetischen Standpunkt aus beizukommen suchen.

Bei so vernunftgemäßer Beurteilung der Sachlage werden wir zu unserer Befriedigung bald die überraschende Entdeckung machen, dass eine Handlung, die unter moralischem Gesichtspunkt betrachtet, verabscheuungswürdig und verwerflich scheint, für die Anforderungen des guten Geschmacks dennoch ungeahnte Vollkommenheiten in sich birgt. So ist alle Welt zufrieden gestellt und das alte Sprichwort, dass bei jedem Unglück auch ein Körnchen Gutes zu finden sei, bewahrheitet sich wieder einmal, denn jetzt kommt auch der Amateur, der – solange die Moral im Spiel war – sauertöpfisch und verdrossen dreinschaute, auf seine Kosten und allgemeine Zufriedenheit stellt sich ein. Der Tugend ist Genüge getan, jetzt kommen Liebha-

Die Vorlesung | 19

berei und Kunstsinn an die Reihe. Und in diesem Sinne, meine
Herren, möchte ich Sie im Geiste von Kain bis Mr. Thurtell führen. In andächtiger Bewunderung lassen Sie uns Hand in Hand
jene Galerie großer Mörder durchwandern und ihre gewaltigen
Taten kritisch würdigen.

Der erste Mord ist uns wohl bekannt. Als Erfinder des Mor-
des und Begründer jener Kunst muss Kain ein Genie ersten
Ranges gewesen sein – wie überhaupt alle Kains, denn Tubal
Kain zum Beispiel erfand ein Fernrohr oder etwas Ähnliches.
Wie groß aber auch das Genie und die Erfindungsgabe des
Künstlers gewesen sein mag, man darf nicht vergessen, dass die
Kunst selbst noch in den Kinderschuhen steckte und muss diese
Tatsache bei einer Kritik jener ersten Kunsterzeugnisse stets in
Betracht ziehen. Sogar Tubals Erfindung würde heutzutage in
Sheffield wenig geschätzt werden und deshalb ist es auch keine
Herabsetzung, wenn ich von Kain (Kain senior nämlich) be-
haupte, dass seine Technik nur *soso* gewesen ist. Milton scheint
freilich anderer Ansicht gewesen zu sein; denn nach seiner – auf
malerische Wirkungen bedachten –Schilderung hat Kain die Tat
in einer Aufwallung von Jähzorn verübt:

Worüber jener innerlich ergrimmt
Und mit dem Hirten hadernd einen Stein
Auf dessen Zwerchfell warf, so dass der Schlag
Das Leben endete. Der andere fiel
Und seufzte todesbleich der Seele Hauch
Mit Blutesströmen aus.

Über diese Stelle äußert sich der Maler Richardson, der einen
scharfen Blick für alles Wirkungsvolle hat, in seinen Anmerkungen über *Paradise Lost* auf Seite 497 folgendermaßen: »Man
nimmt gewöhnlich an, dass Kain seinen Bruder mit einem
großen Stein niedergeschlagen habe. Auch Milton schließt
sich dieser Meinung an, gibt uns aber in seiner Schilderung
gleichzeitig die Vorstellung einer klaffenden Wunde.« Das war
an dieser Stelle ein äußerst glücklicher Griff, denn ohne eine

derartig belebte, farbenreiche Ausmalung hätte der Vorgang bei einer so primitiven Waffe gar zu stark nach plumpem Urmenschentum ausgesehen und die Tat hätte ebenso gut von einem in geistiger Stumpfheit dahinvegetierenden, nur mit einem Hammelknochen bewaffneten Polyphem begangen werden können. Was mich betrifft, so gefällt mir jener Zusatz Miltons besonders deshalb so gut, weil er mir beweist, dass der Verfasser in die Reihen der Unsrigen gehört. Dasselbe gilt auch für Shakespeare, dessen Schilderungen der ermordeten Duncan, Banquo usw., vor allem aber das unglaublich fein ausgeführte Miniaturbild des ermordeten Gloucester[16] in *Heinrich VI.*, die Wahrheit meiner Behauptung deutlich beweisen. Nach ihrer Erfindung schlummerte die Mordkunst leider ohne nennenswerte Verbesserung Jahrhunderte hindurch und ich kann bis lange nach dem Eintritt der christlichen Ära alle Mörder, religiöse sowohl als profane, getrost überspringen, da sie der Erwähnung nicht wert sind. Auch Griechenland hat – selbst zur Zeit des Perikles – keinen Mörder hervorgebracht, wenigstens keinen, der zur Entwicklung der Mordkunst auch nur das Geringste beigetragen hätte. Rom besaß zu wenig geistige Selbstständigkeit, um aus sich heraus etwas leisten zu können, worin sein großes Vorbild versagte.[17] Nicht einmal sprachlich war es imstande, eine erschöpfende Darstellung des Wortes Mord zu geben. »Der Mann wurde ermordet« heißt auf Lateinisch nur »interfectus est« oder »interemptus est«, wodurch lediglich die Tatsache des Meuchelmordes gekennzeichnet ist. Das Kirchenlatein des Mittelalters sah sich daher genötigt, ein neues Wort zu prägen, wozu das klassische Zeitalter niemals fähig gewesen wäre. »Murdratus est« heißt es in der verfeinerten Ausdrucksweise der gotischen Epoche.[18]

Inzwischen pflegte die jüdische Schule die spärlichen Überlieferungen jener Kunst und übermittelte sie der abendländischen Welt. Auch im Mittelalter hat die jüdische Schule stets recht achtbare Leistungen gezeigt, wie der Fall des Hugo von Lincoln beweist, den sogar Chaucer der Erwähnung wert findet,

Die Vorlesung | 21

da er ihn in seinen *Canterbury Tales* der Äbtissin bei Darstellung einer ähnlichen Kunstleistung in den Mund legt.[19]

Um aber noch einmal auf das klassische Altertum zurückzukommen, so drängt sich mir die unabweisbare Überzeugung auf, dass Catilina, Claudius und Konsorten es in ihrem Fach sicherlich zu erstklassigen Künstlern gebracht hätten, und dass Ciceros einseitige Pedanterie, die sein Vaterland der einzigen Gelegenheit beraubte, sich in dieser Hinsicht auszuzeichnen, aufs tiefste zu bedauern ist. Zum Opfer eines Mordes hätte sich übrigens niemand besser geeignet als er. Stellen Sie sich nur einmal sein Schreckensgeheul vor, wenn er Cethegus unter seinem Bett entdeckt hätte. O jemine![20] Ich glaube, ihm wäre das *utile* hier lieber gewesen als das *honestum* und er hätte sich eher in einen Abtritt oder sogar in eine Kloake verkrochen, als dass er dem kühnen Eindringling beherzt entgegengetreten wäre.

Wir kommen jetzt zu dem dunklen Zeitalter (womit wir, genauer gesagt, das zehnte Jahrhundert meinen, das gewissermaßen als Meridianlinie zwischen dem vorhergehenden und dem folgenden zu bezeichnen ist, die in tiefes Mitternachtsdunkel getaucht sind).

Diese Zeit – etwa von 888 bis 1111 – muss naturgemäß für die Entwicklung der Mordkunst ebenso günstig gewesen sein wie etwa für das Aufblühen der Kirchenarchitektur, der bunten Glasfenster usw. Und in der Tat wurde uns zum Ende dieser Periode unserer Kunst ein hervorragender Vertreter in der Person des »Alten vom Berge« geschenkt. Er war ohne Frage ein leuchtender Stern und ich brauche Sie wohl kaum daran zu erinnern, dass der Ausdruck »assassin« von ihm abstammt.[21] Er war ein so begeisterter Anhänger seiner Kunst, dass er sogar einmal, als sein eigenes Leben von einem seiner Lieblingsassassinen bedroht wurde, von dem trotz des missglückten Anschlags deutlich bewiesenen Talent des Missetäters so entzückt war, dass er ihn auf der Stelle zum Herzog mit der Erbfolgeberechtigung in der weiblichen Linie ernannte und ihm ein dreifaches Ehrengehalt aussetzte.

Der Meuchelmord ist ein Kunstzweig, der besondere Beachtung verdient und es ist daher nicht ausgeschlossen, dass ich ihm einmal eine besondere Vorlesung widme. Inzwischen möchte ich nur bemerken, wie seltsam es ist, dass dieser Kunstzweig nur periodisch aufblüht. Er ist nicht mit einem Landregen, sondern vielmehr mit einem Gewitterregen zu vergleichen. Unser Zeitalter kann sich allerdings einiger schöner Meisterwerke dieser Kunstart rühmen, beispielsweise der Affäre Bellinghams mit dem Ministerpräsidenten Perceval; ferner ist der Fall des Herzogs von Berry im Pariser Opernhaus und der des Marschalls Bessières in Avignon erwähnenswert.[22]

Vor zweieinhalb Jahrhunderten konnte man sogar von einer Flut derartiger Taten sprechen; ich erinnere Sie nur an das bekannte Siebengestirn: die Ermordung Wilhelms I. von Oranien, der drei französischen Heinriche, nämlich des Herzogs Heinrich von Guise, der nach dem Thron von Frankreich strebte, Heinrichs III., des letzten Fürsten aus dem Hause Valois, der damals jenen Thron innehatte und schließlich Heinrichs IV., seines Schwagers, der ihm als erster Herrscher der bourbonischen Linie in der Königswürde folgte. Kaum achtzehn Jahre später fand der fünfte Mord statt, nämlich der des Herzogs von Buckingham (der in den von Sir Henry Ellis im Britischen Museum veröffentlichten Briefen ausgezeichnet geschildert ist), sechstens kam dann der Mord Gustav Adolfs und siebentens derjenige Wallensteins hinzu. Was für ein herrliches Siebengestirn, das umso mehr unsere Bewunderung verdient, als diese glänzende Konstellation künstlerischer Offenbarungen drei gekrönte Häupter, drei Mitglieder von Fürstenhäusern und eine andere hoch gestellte Persönlichkeit einschließt und das alles in dem verhältnismäßig kurzen Zeitraum von 1588 bis 1635.[23] Die Ermordung des Königs von Schweden wird übrigens von verschiedenen Schriftstellern, wie zum Beispiel Harte, angezweifelt; doch sind sie im Irrtum – er wurde tatsächlich ermordet. Und zwar halte ich diesen Mord für einzig in seiner Art, denn er wurde am helllichten Tage auf dem Schlachtfeld

Die Vorlesung | 23

verübt – ein Zug künstlerischer Eigenart, wie wir ihn in keinem anderen derartigen Kunstwerk mehr wiederfinden. Den Plan zu einem Meuchelmord, der sozusagen in Parenthese in das gewaltige Schauspiel des Schlachtgemetzels eingefügt ist, auf eigene Rechnung zu fassen, das gleicht beinahe Hamlets scharfsinnigem Einfall einer Tragödie in der Tragödie. In der Tat bieten alle diese Morde dem gewiegten Kenner einen hohen, ästhetischen Genuss und können wohl als Musterbeispiele, als Modellstücke ihrer Gattung betrachtet werden, von denen es heißt:

Nocturna versate manu, versate diurna – besonders *nocturna*.

Dass die Ermordeten gerade Fürsten und Staatsmänner waren, ist nicht weiter verwunderlich, wenn man die Umwälzungen bedenkt, die ihr Tod in den meisten Fällen mit sich bringt. Außerdem macht gerade ihre hervorragende Stellung sie denjenigen Mordkünstlern, die für große szenische Wirkungen Sinn haben, als Zielobjekt besonders geeignet. Mich setzt eine andere Klasse von Morden, die seit Beginn des 17. Jahrhunderts vorherrschen, weit mehr in Erstaunen, nämlich die Ermordung von Philosophen. Denn, meine Herren, es ist Tatsache, dass in den letzten beiden Jahrhunderten jeder Philosoph von einiger Bedeutung entweder tatsächlich ermordet worden oder zum Mindesten doch nahe daran gewesen ist. Ja, man kann sogar sagen: Hat sich gegen einen Mann, der sich selbst zu den Philosophen zählt, niemals eine Mörderhand erhoben, so ist das ein untrüglicher Beweis für den Unwert seiner Philosophie. Das beste Beispiel dafür – wenn überhaupt noch eines vonnöten ist – bietet John Locke, für den, obwohl er 72 Jahre alt wurde, sich niemand fand, der ihm die Kehle durchschnitt.[24] Da jene Philosophenmorde wenig bekannt, dabei aber in den meisten Fällen recht geschickt geplant und ausgeführt worden sind, so will ich bei diesem Kapitel ein wenig länger verweilen und Ihnen mitteilen, was ich selber darüber in Erfahrung bringen konnte.

Der erste große Philosoph des 17. Jahrhunderts (wenn wir von Bacon und Galilei absehen) war Descartes; und wenn man je von einem Manne sagen konnte, dass er fast um Haaresbreite sein Leben unter Mörderhänden ausgehaucht hätte, so war dies bei ihm ganz gewiss der Fall. Der von Baillet in seiner Descartes-Biografie Band 1, Seite 102–103 berichtete Sachverhalt war Folgender: Im Jahre 1621 – als Descartes etwa 26 Jahre alt war – reiste er seiner Gewohnheit nach wieder einmal umher (denn er war so ruhelos wie eine Hyäne) und kam damals auch entweder bei Glückstadt oder bei Hamburg an die Elbe, wo er sich nach Ostfriesland einschiffte. Was er dort eigentlich wollte, hat man niemals herausbekommen, vielleicht wusste er es selbst nicht, denn in Emden änderte er plötzlich seine Reiseroute und beschloss, nach Westfriesland zu segeln. Da geduldiges Abwarten nicht seine Sache war, mietete er selbst eine Barke mit ein paar Seeleuten, machte aber bald nach dem Auslaufen die angenehme Entdeckung, dass er einer Mörderbande in die Hände gefallen war. Seine Mannschaft bestand – wie Baillet erzählt – aus lauter abgefeimten Galgenstricken, nicht etwa aus Mordliebhabern, wie wir es sind, meine Herren, sondern gewerbsmäßigen Mordgesellen, die nur auf die Gelegenheit lauerten, ihm die Kehle durchzuschneiden. Die Geschichte ist zu amüsant, um mit ein paar Worten abgetan zu werden; ich will sie Ihnen daher in der wortgetreuen Übertragung des französischen Urtextes mitteilen:

»Herr Descartes war nur von einem Diener begleitet, mit dem er französisch zu sprechen pflegte. Die Seeleute hielten ihn jedoch nicht für einen reisenden Kavalier, sondern vielmehr für einen ausländischen Kaufmann und glaubten daher, dass er viel Geld bei sich haben müsse. Aus diesem Grunde kamen sie zu einem für seine Börse nicht gerade vorteilhaften Entschluss. Zwischen Land- und Seeräubern besteht nun der wichtige Unterschied, dass die ersteren, unbeschadet ihrer eigenen Sicherheit, imstande sind, das Leben ihrer Opfer zu schonen, während die Letzteren nicht gut einen Beraubten an Land setzen können, ohne sich selbst aufs Schwerste zu gefährden. Descartes' Mannschaft beschloss denn auch, jedes derartige Risiko zu ver-

Die Vorlesung | **25**

meiden, umso mehr, als die Leute bemerkten, dass er ein in der Umgegend unbekannter Ausländer war, nach dem höchstwahrscheinlich niemand fragen würde, falls er spurlos verschwinden sollte (*quand il viendroit a manquer*).«

Stellen Sie sich vor, meine Herren, wie jene Friesenhunde über das Schicksal eines Philosophen beraten, als handle es sich um ein beliebiges, für irgendeinen Schiffsmakler bestimmtes Fass Rum.

»Sein Charakter war, wie sie bemerkt hatten, gelassen und ruhig, und da sie aus seinem freundlichen Benehmen und der Höflichkeit, mit der er sie behandelte, schlossen, dass er nur ein harmloser Vergnügungsreisender ohne Amt und Stellung sei, so meinten sie, leichtes Spiel mit ihm zu haben.

Sie scheuten sich auch nicht im Geringsten, über ihre Mordpläne in seiner Gegenwart zu verhandeln, denn sie glaubten ihn nur der einen Sprache mächtig, in der sie ihn beständig mit seinem Diener verkehren hörten. Das Resultat ihrer Beratungen war schließlich, dass sie ihn ermorden, den Leichnam in die See werfen und die Beute teilen wollten.«

Entschuldigen Sie meine Heiterkeit, meine Herren, aber jedes Mal, wenn ich an die Sache denke, kann ich nicht umhin, über zweierlei Dinge herzlich zu lachen. Erstens, wenn ich mir den panischen Schrecken Descartes' vorstelle (oder den Bammel, wie wir Etonier sagen), als er so mit eigenen Ohren die Szenenfolge seines Todes und Begräbnisses, seiner Erbfolge und Nachlassverwaltung entwickeln hörte. In noch höherem Maße aber belustigt mich der Gedanke, dass wir – falls den friesischen Spitzbuben damals ihr Plan geglückt wäre – heute keine cartesianische Philosophie hätten und welch ungeheure Menge von Büchern dann ungeschrieben geblieben wäre – das ist einfach nicht auszudenken. Fahren wir indessen fort: Trotz seines enormen Bammels ließ Descartes sich nicht verblüffen und versetzte dadurch jene anti-cartesianischen Schurken in heillose Bestürzung. Weiter Baillet:

»Als er merkte, dass es sich nicht etwa nur um einen schlech-

26 | Erster Teil

ten Witz handelte, sprang er mit einem heftigen Ruck auf und donnerte den Schurken in ihrer eigenen Sprache ins Gesicht, er werde ihnen auf der Stelle den Degen durch den Leib rennen, wenn sie es sich einfallen ließen, auch nur die Hand gegen ihn zu erheben.«

Nun wäre es für jene obskuren Schufte doch entschieden eine höchst unverdiente Ehre gewesen, der Reihe nach auf einen cartesianischen Degen gespießt zu werden. Daher freue ich mich, dass Descartes es nicht nötig hatte, den Galeeren Konkurrenz zu machen und seine Drohung auszuführen, und zwar umso mehr, als es ihm wahrscheinlich niemals gelungen wäre, mit einer aufgespießten Schiffsmannschaft den Hafen zu erreichen, sodass er als ein neuer »Fliegender Holländer« auf ewige Zeiten in der Zuidersee kreuzen müsste. Sein Biograf führt fort:
»Descartes' entschlossene Haltung wirkte bei den feigen Hunden wahrhaft Wunder. Sie waren so bestürzt und verblüfft, dass sie nicht mehr zu mucksen wagten und ihn mit größter Unterwürfigkeit heil und unversehrt an seinem Bestimmungsort an Land setzten.«

Wir könnten uns vielleicht auch vorstellen, meine Herren, dass jenem berühmten Worte Caesars an seinen Fährmann entsprechend: »*Caesarem vehis et fortunas eius*« – Descartes zu jenen Elenden hätte sagen können: »Wie dürft ihr, Hunde, eine Persönlichkeit wie mich antasten! Wisst ihr denn nicht, dass Descartes und seine Philosophie eurer Obhut anvertraut sind?« In diesem Falle hätte ich allerdings für sein Leben keinen Pfifferling gegeben. Etwas Ähnliches wird von einem deutschen Kaiser erzählt, der, als man ihm bei einer Kanonade riet, aus der Schusslinie zu gehen, in hochfahrendem Ton erwiderte: »Pah, wann hätte jemals eine Kanonenkugel einen Kaiser getötet?«[25] Was einen Kaiser anbetrifft, so bin ich allerdings nicht so genau orientiert, dass aber eine weit geringfügigere Ursache einem Philosophen das Lebenslicht ausgeblasen hat – das weiß ich, denn der nächste große Philosoph Europas, Spinoza, ist unzweifelhaft einem Mordanschlag zum Opfer gefallen.

Zwar ist die allgemein verbreitete Ansicht, er sei in seinem Bett gestorben, mir wohl bekannt und ich will sie auch nicht einmal ohne weiteres als irrig bezeichnen; ermordet aber wurde er trotz alledem, wie ein im Jahre 1731 in Brüssel veröffentlichtes Buch untrüglich beweist. Es ist betitelt *Das Leben Spinozas* von Jean Colerus und enthält eine Fülle von Anmerkungen aus der ungedruckten Biografie eines seiner Freunde. Spinoza starb am 21. Februar 1677, kaum vierundvierzig Jahre alt, was an sich schon verdächtig genug erscheint und durch eine jener handschriftlichen Biografie entnommenen Äußerung, »dass er wahrscheinlich keines ganz natürlichen Todes gestorben«, noch viel verdächtiger wird. Als Bewohner eines feuchten Küstenlandes mag man ihn vielleicht für einen Freund alkoholischer Getränke, namentlich des damals gerade erfundenen Punsches[26] halten, dem war jedoch keineswegs so, denn Jean Colerus nennt ihn »im Essen und Trinken außerordentlich mäßig«. Und obwohl über seine Mandragora – (Seite 140) und Opiumsucht (Seite 144) allerlei abenteuerliche Gerüchte im Umlauf waren, weist seine Apothekerrechnung dennoch keinen einzigen derartigen Posten auf. Wie kann nun aber ein so mäßiger und nüchterner Mensch im Alter von vierundvierzig Jahren eines natürlichen Todes sterben? Hören wir, was sein Biograf uns darüber zu berichten weiß: »Am Sonntag, den 21. Februar, kam Spinoza vor Beginn des Gottesdienstes die Treppe herab und sprach mit dem Hausbesitzer und seiner Frau.« Daraus geht also zweifellos hervor, dass der Philosoph um diese Zeit – etwa zehn Uhr morgens – noch wohl und munter war. Er scheint jedoch »einen Amsterdamer Arzt konsultiert zu haben, den ich«, sagt sein Biograf, »nur mit den beiden Buchstaben M. L. bezeichnen will«. Dieser M. L. hatte Spinozas Hausgenossen die Weisung erteilt, »einen alten Hahn« zu kaufen und sofort zu kochen, damit der Philosoph zu Mittag einen Teller Fleischbrühe genießen könnte. Das geschah denn auch und nachdem seine Wirtsleute aus der Kirche zurückgekehrt waren, genoss Spinoza mit gutem Appetit auch ein Stück von dem alten Hahn.

Nachmittags blieb M.L. mit Spinoza allein, da die übrigen Hausbewohner wieder zur Kirche gegangen waren. Bei ihrer Rückkehr erfuhren sie zu ihrer größten Bestürzung, dass Spinoza gegen drei Uhr nachmittags in Gegenwart des Arztes verschieden sei. Noch an demselben Abend kehrte M.L. mit dem Nachtboot nach Amsterdam zurück, ohne sich weiterhin auch nur im Mindesten um den Verstorbenen zu kümmern.« Auch nach der Begleichung seiner eigenen geringen Forderung fragte er nicht, wahrscheinlich weil er sich schon selbst in den Besitz eines Dukaten sowie einer kleinen Menge Silbergeldes und eines Messers mit silbernem Griff gesetzt hatte und mit seiner Beute das Weite gesucht hatte.« Dass er aus Geldgier an Spinoza zum Mörder geworden, liegt nach den Umständen klar auf der Hand. Zweifellos hat er, da man keinerlei Blutspuren fand, den schwachen, gebrechlichen Philosophen zu Boden geworfen und mit Kissen erstickt, nachdem der arme Mann sich schon an seiner Höllenmahlzeit halb erwürgt haben musste. Denn man kann sich ja denken, in welchem Zustand der Erschöpfung der Ärmste sich befunden haben muss, nachdem er jenen alten, wahrscheinlich aus dem vorigen Jahrhundert stammenden Hahn zerkaut hatte. Dass er M.L. keinen energischen Widerstand entgegensetzen konnte, ist ohne weiteres erklärlich.

Wer ist nun aber eigentlich jener bewusste M.L.? Lindley Murray kann es unmöglich gewesen sein; ich sah ihn nämlich im Jahre 1825 in York. Außerdem halte ich ihn einer derartigen Tat auch nicht für fähig, zum Mindesten nicht einem Kollegen gegenüber. Denn es ist Ihnen doch wohl ohne Zweifel bekannt, meine Herren, dass Spinoza eine sehr beachtenswerte hebräische Grammatik geschrieben hat.

Hobbes ist zu meiner größten Verwunderung nicht ermordet worden, was ich entschieden als ein großes Versehen der Mordfachleute des 17. Jahrhunderts bezeichnen muss, da ihn – von seiner Magerkeit abgesehen – seine übrigen Lebensumstände zum Mordobjekt außerordentlich geeignet machten. Er war nämlich ein wohlhabender Mann und besaß – seiner eigenen

Die Vorlesung | 29

Lehre nach – gar keine Berechtigung zur Verteidigung seines Lebens. Er selbst hatte jenen Lehrsatz aufgestellt, dass höchste Gewalt zugleich höchstes Recht sei. Demnach wäre es von seinem Standpunkt aus schnödeste und schwärzeste Rebellion gewesen, sich gegen die physische Überlegenheit eines Mordgesellen zur Wehr zu setzen. Trotzdem er nun – wie ich schon erwähnte – zu meiner Verwunderung nicht ermordet worden ist, gereicht es mir gewissermaßen zum Trost, dass er – wie er selbst erzählt – wenigstens dreimal ziemlich nahe daran war, ermordet zu werden. Zum ersten Mal im Frühling 1640, als er, seiner eigenen Aussage nach, ein kleines Manuskript über das Verhalten des Königs gegen das Parlament[27] zirkulieren ließ. Dieses Manuskript ist später nie wieder zum Vorschein gekommen. Hobbes aber meint, dass es ihn in die größte Lebensgefahr gebracht hätte, »wenn das Parlament nicht (im Mai) von Sr. Majestät wieder aufgelöst worden wäre.« Im November desselben Jahres jedoch trat das Lange Parlament[28] zusammen und Hobbes, der jetzt zum zweiten Mal um sein Leben zitterte, entwich schleunigst nach Frankreich. Seine Furcht grenzt beinahe an den Verfolgungswahn John Dennis'[29], der das Weite suchte, weil er sich einbildete, Ludwig XIV. würde mit der Königin Anna nur dann Frieden schließen, wenn sie sich bereit erklärte, ihn – Dennis nämlich – den französischen Rachegelüsten zu opfern. In Frankreich fühlte Hobbes sich zehn Jahre lang sicher, bis er, um sich bei Cromwell in Gunst zu setzen, seinen *Leviathan* veröffentlichte. Von diesem Zeitpunkt an schwebte der alte Hasenfuß wieder in tausend Ängsten und fühlte, wenn er an das Schicksal der Parlamentsabgeordneten im Haag und in Madrid dachte, den Degen der Kavaliere beständig an seiner Kehle. »Tom«, sagte er in dem ihm eigenen lateinischen Kauderwelsch,

> *»Tum venit in mentem mihi Dorislaus et Ascham;*
> *Tanquam proscripto terror ubique aderat.«*[30]

Und stehenden Fußes eilte er nach England zurück. Nun verdient allerdings ein Mensch, der ein Machwerk wie den »Leviathan« zu veröffentlichen wagte, eine gehörige Tracht Prügel und eine doppelte und dreifache noch dazu für einen so elenden Pentameter wie den auf »*terror ubique aderat*« auslautenden. Außer einem derartigen Denkzettel aber hätte niemand ihm ein Leid zugefügt; die ganze Geschichte läuft also auf nichts weiter als auf eitle Großmannssucht hinaus. Denn in einem von Schmähungen strotzenden Brief an einen »Gelehrten« (den Mathematiker Wallis nämlich) gibt Hobbes wieder eine ganz andere Darstellung der Sachlage und behauptet (Seite 8), er habe sich in sein Vaterland zurückgeflüchtet, weil »die französische Geistlichkeit ihm nach dem Leben trachtete«. Das wäre allerdings ein Hauptspaß gewesen, solch einen Harlekin wegen seiner »Religion« zum Scheiterhaufen geschleppt zu sehen! Ob nun Großmannssucht oder nicht – jedenfalls ist Hobbes tatsächlich bis an sein Lebensende die Furcht vor einem gewaltsamen Tod nicht losgeworden. Den besten Beweis dafür bildet die Geschichte, die ich Ihnen sogleich erzählen werde, und die zwar keinem Manuskript entstammt, allein – wie Coleridge sagt – doch so gut wie einem Manuskript entnommen ist, nämlich einem gänzlich vergessenen Buch. Der Titel dieses zehn Jahre vor Hobbes' Tod ohne Angabe des Verfassers veröffentlichten Werkes lautet: *Mr. Hobbes' Bekenntnis in einer Disputation zwischen ihm und einem Studenten der Gottesgelehrtheit.* Es ist, wie man jetzt festgestellt hat, von Tenison geschrieben worden[31], dem Nachfolger Tillotsons auf dem Erzbischofsstuhl von Canterbury[31]. Die einleitende Anekdote, von der ich sprach, hat folgenden Wortlaut: »Ein gewisser Geistlicher« (ohne Zweifel Tenison selbst) unternahm eine seiner jährlichen Erholungsreisen zu verschiedenen Teilen der Insel und besuchte dabei auch – angeregt durch Hobbes' Beschreibung[32] – den Peak of Derbyshire. Da er sich gerade in der Nähe von Buxton befand, kehrte er in diesem Ort ein und traf an der Tür des Gasthauses mit einer Reisegesellschaft zusammen, die sich eben aus den Sätteln schwang. Unter den Herren entpuppte sich ein langer, dünner Geselle als kein Geringerer denn Mr. Hobbes selbst, der wohl von Chatsworth[33] herüber-

Die Vorlesung | 31

geritten sein mochte. Natürlich hat ein auf Sehenswürdigkeiten erpichter Tourist nichts Eiligeres zu tun, als sich schleunigst an solch eine Berühmtheit heranzupirschen, und da zwei von Mr. Hobbes' Reisegefährten ganz plötzlich abgerufen wurden, so hatte Tenison auch die beste Gelegenheit, Leviathan ganz für sich allein zu genießen, und solange er noch in Buxton blieb, allabendlich mit ihm zu zechen. Anfänglich zeigte Hobbes sich ziemlich zugeknöpft, denn er wollte von der Geistlichkeit nicht viel wissen; allmählich jedoch taute er auf, wurde sogar recht heiter und mitteilsam und verabredete mit seinem neuen Gesellschafter ein gemeinsames Bad. Wie Tenison es fertig bekam, in demselben Wasser wie Leviathan zu baden, ist mir unbegreiflich, doch plätscherten die beiden wirklich wie ein paar Delfine herum, obgleich Hobbes schon so alt und verwittert sein musste wie die Felsen von Derbyshire. Und wenn sie sich vom Schwimmen und Tauchen ein wenig erholten, plauderten sie über die Bäder der Alten, den Ursprung der Quellen und ähnliche Themen. Nach einer Stunde etwa verließen sie das Bad, rieben sich trocken, kleideten sich an und setzten sich dann in Erwartung der kulinarischen Genüsse, die ihr Aufenthaltsort ihnen bieten konnte, zum Abendessen nieder, wobei es ihnen, gleich den Deipnosophisten, weniger auf Essen und Trinken als auf ihre philosophischen Unterhaltungen ankam. In dieser löblichen Absicht wurden sie jedoch durch einen unter den gewöhnlichen Gästen ausbrechenden Streit gestört, der Mr. Hobbes in die größte Bestürzung versetzte, obwohl er sich ziemlich weit vom Schuss befand. Und was halten Sie wohl für die Ursache seiner Bestürzung, meine Herren? »Zweifellos seine unparteiische, dem Greise und Philosophen wohl anstehende Friedensliebe«, werden Sie mir erwidern. Aber hören Sie nur weiter: »Ganz fassungslos murmelte er in halblautem, ängstlichen Ton mehrmals vor sich hin, auch Sextus Roscius[34] sei nach dem Abendessen in der Nähe der palatinischen Bäder ermordet worden. Sein sonderbares Benehmen musste jedem unbefangenen Zuschauer unwillkürlich Ciceros treffende Bemerkung über den Atheisten

Epikur ins Gedächtnis zurückrufen, der nichts auf der Welt so sehr fürchtete wie das, was er am tiefsten verachtete, nämlich den Tod und die Götter.« Also nur, weil es gerade Abendbrotzeit war und er sich in der Nähe eines Bades befand, fürchtete Mr. Hobbes, das Schicksal des Sextus Roscius[34] teilen zu müssen. Er fürchtete, ermordet zu werden, weil Sextus Roscius unter ähnlichen Umständen ermordet worden war. Da haben wir die Logik eines Mannes, der immer nur von Mord und Totschlag träumte. Da haben wir Leviathan, der nicht mehr nur vor den Dolchen englischer Royalisten oder französischer Geistlicher zitterte, sondern den schon ein Wirtshausstreit zwischen ein paar biederen Stoppelhopsern gänzlich aus der Fassung bringen konnte, obwohl jene guten Leute ihrerseits nicht wenig erstaunt und verblüfft gewesen wären, wenn sie eine Ahnung gehabt hätten, mit welchem Schreckgespenst aus grauer Vorzeit man sie in Beziehung setzte. Malebranche wurde, wie Sie mit Vergnügen hören werden, wirklich ermordet. Der Name des Mörders ist uns wohl vertraut – es war der Bischof Berkeley. Auch die Geschichte dieses Mordes ist allgemein bekannt, obwohl noch niemand sie bisher ins rechte Licht gesetzt hat. Als junger Mann kam Berkeley nach Paris und besuchte auch den Pater Malebranche, den er in seiner Zelle mit Kochen beschäftigt fand. Köche pflegen ein *genus irritabile* zu haben, Schriftsteller erst recht: Malebranche war Koch und Schriftsteller in einer Person, daher kam es zwischen ihm und seinem Besucher bald zu Meinungsverschiedenheiten. Der alte, schon ziemlich erhitzte Pater wurde immer hitziger, seine kulinarischen und metaphysischen Diätfehler schlugen ihm auf die Leber – er musste sich zu Bett legen und starb. Das ist die gewöhnliche Lesart der Geschichte, durch die jedoch »das Ohr des Reichs schmählich getäuscht« ward. Die Sache wurde zwar mit Rücksicht auf Berkeley, den – wie Pope richtig bemerkt – »jede Tugend schmückte«, totgeschwiegen, doch es ist erwiesen, dass Berkeley, von dem mürrischen Wesen des alten Franzosen gereizt, mit ihm in Streit geriet, der sich sogar bis zu Tätlichkeiten steigerte. Malebranche wurde zu Boden geworfen und hätte sicherlich klein beigegeben, wenn Berkeley, der jetzt in Harnisch geraten war, nicht von ihm verlangt hätte, seine Lehre von den »Zufälligen Ursachen« zu widerrufen. Das war der Eitelkeit des Alten denn doch zu viel – er widerrief nicht und fiel als Opfer seiner eigenen Halsstarrigkeit und des stürmischen Draufgängertums irischer Jugend.[35] Da Leibniz dem alten Malebranche in jeder Beziehung weit überlegen war, so müsste man eigentlich *a fortiori* annehmen, dass er ganz entschieden ermordet worden ist, was jedoch nicht zutrifft. Ich glaube beinahe, er selbst hat sich deshalb immer ein wenig zurückgesetzt gefühlt, anders kann ich mir wenigstens sein Verhalten in seinen letzten Lebensjahren, wo er in unersättlicher Habgier Summen auf Summen häufte, nicht erklären. Sein Sterbehaus in Wien war seine Schatzkammer und er schwebte daher, wie nachgelassene Briefe deutlich bezeugen, in beständiger Angst um sein Leben. Nun wäre es ihm freilich ein Leichtes gewesen, durch Wegschaffen der Geldsummen aus seinem Haus die Gefahr zu beseitigen, allein das ließ sein Ehrgeiz, einmal das Ziel eines Attentats zu werden, nicht zu.

Praktischer dachte ein englischer Schulmeister Birminghamer* Fabrikats, Dr. Parr[36], der längere Zeit eine Menge Tafelsilber in seinem Schlafzimmer in Hatton aufbewahrte. Da er aber nicht die geringste Lust verspürte, das Opfer eines Raubmordes zu werden, zu dessen Abwehr er sich auch gar nicht fähig fühlte, vertraute er seinen Schatz kurz entschlossen dem Grobschmied von Hatton an. Denn ohne Zweifel war – wenigstens seiner Ansicht nach – die Ermordung eines Schmiedes für *das salus rei publicae* weniger nachteilig als die eines Pädagogen. Freilich habe ich das oft bestreiten hören und es scheint mir jetzt allenthalben die Meinung verbreitet, dass ein gut angepasstes Hufeisen mehr wert ist als anderthalb Spitalpredigten.[37]

* Da Birmingham den Beinamen »toy-shop of Europe«, das heißt »Europas Kramladen« führt, ein Ausdruck der Geringschätzung und der Minderwertigkeit. Anm. d. Übers.

Während Leibniz sich halb zu Tode fürchtete, dass er ermordet werden könnte, und halb zu Tode ärgerte, dass er nicht ermordet wurde, ist Kant, der sonst in dieser Hinsicht keinen Ehrgeiz hegte, ebenso wie Descartes nur mit knapper Not dem Dolch des Mörders entgangen. Dieser merkwürdige Fall, der wie kein anderer das blinde Walten der Glücksgöttin veranschaulicht, wird, wenn ich nicht irre, in einer anonym verfassten Lebensbeschreibung des großen Philosophen berichtet. Aus Gesundheitsrücksichten pflegte Kant alle Tage sechs Meilen auf der Landstraße zu wandern und schwebte eines Tages in der größten Gefahr, von einem Mann, dem diese Gewohnheit bekannt war, und der dem allzeit pünktlichen Philosophen am dritten Meilenstein hinter Königsberg auflauerte, aus privaten Gründen ermordet zu werden. Dass dieses Verbrechen nicht zur Ausführung kam, lag an dem zartbesaiteten oder, wie Mrs. Quickly sagen würde, verbohrten Moralempfinden des Mörders. In der Erwägung, dass ein Kind in seinem jungen Leben weniger Sünden auf sich geladen haben dürfte als ein alter Professor, gab er im kritischen Augenblick die Ermordung Kants auf und tötete bald danach ein fünfjähriges Kind. Dies ist die in Deutschland verbreitete Auffassung; meiner Ansicht nach war der Mörder jedoch ein Kunstliebhaber, dem ein alter, dürrer, ausgemergelter Metaphysiker kein sonderlich geeignetes Objekt zur Entfaltung seiner künstlerischen Begabung zu sein schien. Denn mumienhafter als zu seinen Lebzeiten konnte der Mann auch schließlich im Tode nicht aussehen.

Während ich so den Spuren des Zusammenhangs zwischen der Philosophie und unserer Kunst nachgegangen bin, meine Herren, nähere ich mich allmählich unserem eigenen Zeitalter. Da es sich aber von dem vorhergehenden durch nichts unterscheidet, das siebzehnte, achtzehnte und das bisher verflossene Stück des neunzehnten Jahrhunderts vielmehr im Zusammenhang das augusteische Zeitalter des Mordes bilden, erübrigt es sich, Ihnen unsere Epoche besonders zu charakterisieren. Das hervorragendste Werk des siebzehnten Jahrhunderts, das

Die Vorlesung | **35**

meinen uneingeschränkten Beifall findet, ist fraglos Sir Edmundbury Godfreys[38] Ermordung. Der erhabene Zug des Geheimnisvollen, den in dieser oder jener Form eigentlich jeder scharfsinnig durchdachte Mordanschlag in sich tragen sollte, ist hier großartig ausgeprägt; denn der Schleier des Geheimnisses ist bis auf den heutigen Tag noch nicht gelüftet. Den Verdacht der Täterschaft auf die Papisten zu wälzen, hieße das Kunstwerk genauso zu schädigen, als ob man ein berühmtes Gemälde Correggios durch die Hand berufsmäßiger Farbenkleckser »restaurieren« ließe, und jene Tat gar in die jeder künstlerischen Beseelung entbehrende Klasse der politischen Morde zu verweisen, würde der vollständigen Vernichtung ihres Wertes gleichkommen. Ich richte daher an die geehrten Anwesenden die dringende Mahnung, derartigen Auslegungen mit aller Energie entgegenzutreten. Sie entbehren tatsächlich jeder Begründung und entspringen lediglich protestantischem Fanatismus. Denn Sir Edmundbury hatte sich beim Londoner Gerichtshof weder durch besondere Härte gegen die Papisten hervorgetan noch den Eiferern nachgegeben, die gegen einzelne Persönlichkeiten die ganze Strenge des Gesetzes in Anwendung bringen wollten; er war überhaupt mit allen Religionsgemeinschaften gut ausgekommen. Die von Wachskerzen herrührenden Flecke auf der Kleidung der Leiche, aus denen man auf die Mitschuld der an der königlichen Kapelle amtierenden papistischen Priester schloss, waren entweder eine fein ersonnene List von Personen, in deren Interesse es lag, den Verdacht auf die Papisten zu wälzen oder die ganze Wachstropfengeschichte ist lediglich eine Erfindung des Bischofs Burnett, von dem die Herzogin von Portsmouth zu behaupten pflegte, er sei der größte Schwindler und Aufschneider des siebzehnten Jahrhunderts. Es bleibt mir noch hinzuzufügen, dass das Zeitalter Sir Edmundburys an Morden, wenigstens an künstlerisch ausgeführten, nur eine geringe Zahl aufzuweisen hatte, was man vielleicht dem Mangel an aufgeklärten Gönnern zuschreiben muss. *Sint Maecenades, non deerunt, Flacce, Marones.*[39] Aus Grants Beobachtungen über die Sterblichkeit (4. Ausgabe, Oxford, 1665) entnehme ich, dass von 229 250 Personen, die im siebzehnten Jahrhundert während eines Zeitraums von zwanzig Jahren in London starben, nur sechsundachtzig, also ungefähr 4 3/10 im Jahr, ermordet wurden, eine Zahl, die wirklich zu klein ist, um eine Akademie darauf zu gründen, meine Herren. Sicherlich könnten wir bei einer so geringen Quantität wenigstens eine erstklassige Qualität beanspruchen; jedoch bin ich der Meinung, dass der größte Künstler dieses Jahrhunderts nicht an den besten des folgenden heranreicht. Denn so anerkennenswert der Fall Sir Edmundbury Godfreys auch sein mag (und wahrlich, niemand kann seinen Wert besser würdigen als ich), so möchte ich ihn mit dem der Mrs. Ruscombe in Bristol doch nicht gleichstellen, weder was die Originalität des Plans noch die Kühnheit und Großzügigkeit der Ausführung anbelangt. Die Ermordung dieser guten Dame fand im Anfang der Regierung Georgs III. statt, unter dem bekanntlich die schönen Künste überhaupt in hoher Blüte standen. Weder Mrs. Ruscombe selbst noch ihre einzige Dienerin, mit der sie in College Green ein stilles, zurückgezogenes Leben führte, hätten ohne den großen Künstler, von dessen Taten ich Ihnen berichten will, auch nur die leiseste Anwartschaft gehabt, geschichtliche Berühmtheit zu erlangen.

Eines schönen Morgens – als ganz Bristol bereits auf den Beinen war – schöpften die Nachbarn Verdacht, drangen gewaltsam in das Haus und fanden Mrs. Ruscombe ermordet in ihrem Schlafzimmer vor, die Dienerin desgleichen auf der Treppe. Es war ungefähr um die Mittagszeit und zwei Stunden früher hatte man Herrin und Dienerin noch lebend gesehen. Soweit ich mich entsinne, fand das Ereignis im Jahre 1764 statt; es sind seitdem also mehr als sechzig Jahre verflossen und noch immer ist der Künstler unentdeckt. Die Nachwelt bezeichnet zwei Verdächtige – einen Bäcker und einen Schornsteinfeger – als Täter. Doch befindet sie sich damit entschieden in einem Irrtum; keinem ungeübten Künstler wäre der kühne Einfall gekommen, am helllichten Tag mitten in einer großen Stadt einen Mord zu

Die Vorlesung | **37**

begehen. Seien Sie versichert, meine Herren, nicht irgendein simpler Bäcker oder namenloser Schornsteinfeger hat diese Tat vollbracht. Ich weiß, wer es war (Hier erhob sich in der Versammlung ein allgemeines Murmeln, das zuletzt zu stürmischem Beifall anschwoll, worauf der Vortragende unter tiefem Erröten mit nachdrücklichem Ernst fortfuhr). Um Gottes willen, meine Herren, verstehen Sie mich nicht falsch! Ich bin es nicht etwa selber gewesen. Sie überschätzen mein bescheidenes Talent und ich bin nicht eitel genug, um mir ein derartiges Meisterwerk anzumaßen. An einen Fall wie den der Mrs. Ruscombe reichen meine Fähigkeiten bei weitem nicht heran. Durch einen berühmten Chirurgen, der bei der Sektion des Mörders zugegen war, erfuhr ich, wer der Täter war. In einem Privatmuseum, das jener Arzt sich zu Berufszwecken angelegt hatte, stand in einer Ecke der Abguss eines auffallend schön gebauten Mannes.

»Was Sie dort sehen, ist der Abguss des berühmten Lancashirer Straßenräubers«, erzählte der Doktor mir. »Er zog seinem Pferd wollene Strümpfe an, damit das Klappern der Hufe in der gepflasterten Allee, die zum Stall führte, ihn nicht den Nachbarn verriet, wodurch es ihm gelang, eine Zeit lang seinen wahren Beruf zu verheimlichen. Zur Zeit seiner Hinrichtung, studierte ich gerade unter Cruickshank. Da der Körper des Mannes so ungewöhnlich schön war, wurden weder Mühe noch Kosten gescheut, möglichst schnell seiner habhaft zu werden. Dank dem liebenswürdigen Entgegenkommen des Untersheriffs wurde er unmittelbar nach der Hinrichtung auf einen Wagen geladen, sodass er, als er bei Cruickshank anlangte, noch nicht ganz tot war und Mr. – »damals noch ein junger Student, die Ehre hatte, ihm den Gnadenstoß zu geben und so dem Willen des Gesetzes Genüge zu tun«.

Die kleine Anekdote, aus der man entnehmen könnte, dass alle im Anatomiesaal Anwesenden Kunstliebhaber in unserem Sinne waren, interessierte mich sehr. Ich erzählte sie eines Tages einer Dame aus Lancashire, die mir darauf mitteilte, dass sie in der Nähe jenes Räubers gewohnt habe. Auch entsann sie sich noch zweier Umstände, deren Verknüpfung ihn in den Augen der Nachbarschaft zum Mörder Mrs. Ruscombes stempelte. Der erste war seine vierzehntägige Abwesenheit zur Zeit des Mordes, der andere, dass bald darauf die Nachbarschaft mit Dollars überschwemmt wurde und es war stadtbekannt, dass Mrs. Ruscombe zweitausend Stück dieser Münzsorte zusammengespart hatte.

Sei nun der Künstler, wer er wolle, die Tat selbst bleibt ein dauerndes Denkmal seines Genies. So Ehrfurcht gebietend war der Eindruck, den die Macht künstlerischer Gestaltungskraft in diesem Mord hinterließ, dass sich (wie mir im Jahre 1810 erzählt wurde) bis dahin noch kein Mieter für Mrs. Ruscombes Haus gefunden hatte.[40]

Wenn ich nun auch in derartig begeisterter Form das Lob des Falles Ruscombe singe, so dürfen Sie deshalb keineswegs glauben, dass ich den Wert der zahlreichen anderen verdienstvollen, im Laufe dieses Jahrhunderts vollbrachten Werke unterschätze. Solchen Fällen allerdings wie denjenigen Miss Blands[41] oder des Kapitäns Donnellan und Sir Theophilus Boughtons[42] werde ich nie und nimmer auch nur das geringste Lob zollen.

Pfui über diese Giftmischer!

Weshalb können sie nicht die bewährte, ehrliche Methode des Halsabschneidens beibehalten, anstatt solche abscheulichen, aus Italien stammenden einzuführen? Im Vergleich zu dem echten, stilvollen Kunstwerk schätze ich all diese Vergiftungsfälle nicht höher als etwa eine Wachspuppe neben einer Marmorstatue oder einen lithografierten Druck neben einem schönen Volpato. Doch, abgesehen von diesen Pfuschereien, bleiben noch viele ausgezeichnete Werke von reinstem Stil übrig, zu deren Autorschaft sich jeder ohne Scham bekennen dürfte, wie es der ehrliche Kunstkenner zugeben wird. Ich betone, der ehrliche Kunstkenner, weil in diesen Fällen zu vieles berücksichtigt werden muss. Kein Künstler kann genau wissen, ob er imstande sein wird, seine sorgfältig ausgearbeitete Idee durchzuführen. Unliebsame Störungen können dazwischentre-

Die Vorlesung | 39

ten. Die Leute wollen sich nicht ruhig den Hals durchschneiden lassen; sie rennen davon, beißen und schlagen um sich.

Während die Porträtmaler über zu viel stumpfe Ausdruckslosigkeit in den Zügen ihrer Modelle zu klagen pflegen, wird dem Künstler unserer Richtung sein Werk durch zu große Lebhaftigkeit des Objekts erschwert. Wie störend aber auch für den Künstler die unangenehme Beigabe des Mordes, eben jene Erregung des Objekts, sein mag, so dürfen wir doch nicht außer Acht lassen, dass sie dazu dient, schlummernde Talente ans Tageslicht zu bringen und dadurch der Welt im Allgemeinen zu nützen. Jeremy Taylor spricht voll Bewunderung von der außerordentlichen Sprungkraft, welche Opfer im Banne der Furcht entwickeln. Ein charakteristisches Beispiel hierfür bildet der kürzlich passierte Fall M'Keans.[43] Der Junge erreichte eine Höhe, wie er sie bis an sein Lebensende nicht zum zweiten Mal erreichen wird. Hervorgerufen durch die Panik, welche der Anblick unserer Künstler hervorruft, entwickeln sich die glänzendsten turnerischen Leistungen – Talente, die ihren Besitzern wie auch den betreffenden Kunstfreunden sonst wohl für immer verborgen geblieben wären. Eine interessante Illustration zu dieser Tatsache bildet ein Fall, der mir in Deutschland mitgeteilt wurde.

Als ich eines Tages in Münchens Umgebung einen Spazierritt machte, überholte ich einen hervorragenden Kunstliebhaber unserer Richtung, dessen Namen ich aus begreiflichen Gründen verschweigen muss. Der zahmen Freuden bloßer Kunstliebhaberei überdrüssig (dies sind seine eigenen Worte) hatte er sich in der löblichen Absicht, sich ein wenig praktisch zu betätigen, nach dem Kontinent begeben und zu jenem Zweck Deutschland erwählt, weil er die Polizei dort für schwerfälliger hielt als in anderen europäischen Ländern. Sein Debüt als ausübender Künstler fand in Mannheim statt, und da er wusste, dass ich ein Kunstgenosse war, weihte er mich offenherzig in alle Einzelheiten seines Erstlingswerks ein. »Mir gerade gegenüber wohnte ein Bäcker, der als Geizhals verschrien war und ganz allein leb-

40 | Erster Teil

te«, erzählte er. »Ob sein kugelrundes, teigiges Gesicht es mir angetan hatte oder sonst etwas anderes, kann ich nicht sagen – genug, er reizte mich, und in mir reifte der Entschluss, an seiner Gurgel, die er dazu noch in geradezu herausfordernder Weise stets entblößt trug, meine Tätigkeit zu beginnen. Meinen Beobachtungen nach pflegte er regelmäßig Punkt acht Uhr seine Fensterläden zu schließen. Eines Abends drängte ich mich bei dieser Gelegenheit zu ihm ins Haus, verschloss die Tür und teilte ihm mit der größten Liebenswürdigkeit mein Vorhaben mit, wobei ich ihm riet, keinen Widerstand zu leisten, um uns nicht gegenseitig Unannehmlichkeiten zu bereiten. Doch als ich nun mein Handwerkszeug hervorzog, geriet der Bäcker, den meine erste Ankündigung förmlich gelähmt zu haben schien, in wahnsinnige Aufregung. »Ich will aber nicht ermordet werden«, kreischte er mit lauter Stimme, »weshalb soll ich mir denn meine teure Kehle durchschneiden lassen?«

»Weshalb?«, erwiderte ich. »Wenn aus keinem anderen Grund, dann aus dem, dass Sie Alaun ins Brot nehmen. Doch ganz egal, ob Alaun oder nicht (ich wollte jedem Streit über diesen Punkt von vornherein die Spitze abbrechen), ich bin nämlich Mordvirtuose und darauf erpicht, mich in allen dieses Fach betreffenden Einzelheiten zu vervollkommnen. In Ihren feisten Hals habe ich mich direkt verliebt und will an ihm meine Kunst erproben.«

»Wirklich?« sagte er. »Na, dann wollen wir doch mal sehen, ob Sie hiervon auch etwas verstehen.«

Damit nahm er eine Boxerstellung ein. Mir erschien der Gedanke, mit ihm zu boxen, direkt lächerlich. Allerdings hatte sich ein Londoner Bäcker bei einem derartigen Boxkampf ausgezeichnet und wurde unter dem Titel »Der Semmelmeister« weit und breit bekannt. Doch war jener ein junger Mann mit unverbrauchten Kräften, während dieser einem wandelnden Federbett glich, fünfzig Jahre alt und gänzlich »außer Form« war. Trotzdem ging er mir, der ich doch ein erstklassiger Boxer bin, so ernsthaft zu Leibe, dass es manchmal wirklich schien, als ob sich

Die Vorlesung | 41

das Blatt wenden und ich, der Kunstliebhaber, von dem Schuft von Bäcker ermordet werden sollte. Kurzum, ich befand mich in einer geradezu scheußlichen Lage! Zartfühlende Gemüter werden meine Angst begreiflich finden. Wie ernst es um mich stand, geht daraus hervor, dass bei den ersten dreizehn Runden der Bäcker tatsächlich im Vorteil war. In der vierzehnten bekam ich einen Schlag aufs rechte Auge, dass es sofort zuschwoll, und das war, glaube ich, meine Rettung, denn meine Wut steigerte sich jetzt dermaßen, dass ich in der nächsten und den drei folgenden Runden jedes Mal den Bäcker zu Fall brachte.

Neunzehnte Runde. Keuchend und stark erschöpft rappelte sich mein Gegner wieder empor. Seine Heldentaten während der letzten vier Runden waren ihm augenscheinlich nicht gut bekommen. Dennoch bewies er keine geringe Geschicklichkeit bei der Abwehr eines auf seine leichenfarbene Fratze gezielten Schlages, wobei ich ausglitt und hinfiel.

Zwanzigste Runde. Ich sah den Bäcker an und schämte mich, dass solch ein formloser Teigklumpen mir so viel zu schaffen machte. Wütend stürzte ich auf ihn los und versetzte ihm ein paar derbe Schläge. Es kam zum Handgemenge, wir fielen beide auf den Boden, der Bäcker zuunterst, jeder hätte zehn zu drei für den Kunstliebhaber gesetzt.

Einundzwanzigste Runde. Der Bäcker sprang mit überraschender Beweglichkeit auf. Trotzdem er in Schweiß gebadet war, gebrauchte er wirklich seine Fäuste mit bewunderungswürdiger Wucht; doch hatte er jetzt den Geschmack an unserem Wettkampf verloren, in ihm wirkte nur noch die Todesangst. Lange konnte er es also nicht mehr machen. Im Verlauf dieser Runde versuchten wir das Webesystem, wobei ich stark im Vorteil war. Mehrmals gab ich ihm, um ihn zu ärgern und zu reizen, ein paar tüchtige Hiebe auf seinen pickelübersäten Schnorchel, was auch sofort die von mir beabsichtigte Wirkung hervorbrachte.

Während der nächsten drei Runden stolperte der Semmelmeister umher wie eine Kuh auf dem Eis.

In der vierundzwanzigsten flüsterte ich ihm ein paar Worte ins Ohr, worauf er umfiel wie ein Klotz; der kalte Schweiß stand ihm auf dem Gesicht und ich hatte ihm doch nur im Vertrauen meine Ansicht darüber mitgeteilt, wie hoch eine Lebensversicherungsgesellschaft wohl den Wert seiner Kehle einschätzen würde. In den nächsten beiden Runden hatte ich leichtes Spiel, und als ich die siebenundzwanzigste ausrief, lag er da und rührte kein Glied mehr.«

»Man darf demnach wohl annehmen, dass Sie Ihren Zweck erreichten?« fragte ich den Kunstliebhaber. »Ganz recht«, erwiderte er sanft, »und was mich dabei noch mit besonderer Befriedigung erfüllte, war der Umstand, dass ich gleichzeitig zwei Fliegen mit einer Klappe schlug.« Er wollte damit andeuten, dass er den Bäcker sowohl im Kampf geworfen als auch ermordet hatte. Mir wollte diese Logik durchaus nicht einleuchten. Es schien mir vielmehr, als ob er mit zwei Klappen eine Fliege getötet habe, da er seinem Opfer erst mit der Faust und dann mit der Mordwaffe begegnet war. Doch die Moral der Geschichte war gut, denn sie bewies, dass die Aussicht, ermordet zu werden, außerordentlich anregend auf verborgene Talente wirkt. Ein schwerfälliger, kurzatmiger, zum Schlagfluss neigender Bäcker in Mannheim hatte nur unter diesem Einfluss siebenundzwanzig Runden mit einem englischen Meisterschaftsboxer gekämpft. Bis zu solcher Vollendung hatte seine natürliche Begabung sich in der Gegenwart seines Mörders entwickelt.

Wenn man solche Sachen erfährt, meine Herren, sollte man vielleicht doch versuchen, die Strenge, mit der die meisten Menschen den Mord verdammen, etwas zu mildern. Dem Urteil der großen Menge nach könnte man wirklich glauben, dass alle Nachteile und Unbequemlichkeiten nur auf der Seite derer lägen, die ermordet werden, und dass es daher das einzig Erstrebenswerte wäre, nicht ermordet zu werden. Umsichtige Menschen denken jedoch anders. So äußerte sich zum Beispiel Jeremias Taylor: »Sicherlich ist es ein geringeres zeitliches Übel, durch die Schärfe des Schwertes zu fallen, als der Gewalt des

Die Vorlesung | **43**

Fiebers zu erliegen und die Axt (er hätte noch das Beil des Schiffszimmermanns und das Brecheisen hinzufügen können) verursacht weniger Schmerzen als ein Blasenkrampf.« Sehr richtig! Der Bischof spricht wahrhaftig wie ein Weiser und Kunstliebhaber, der er, meiner Überzeugung nach, auch wirklich gewesen ist. Ebenso war ein anderer großer Philosoph, Mark Aurel, in diesem Punkt über die Vorurteile der Menge erhaben. Er erklärte es »für eine der edelsten Funktionen der Vernunft, zu wissen, ob es Zeit ist, aus der Welt zu gehen oder nicht« (drittes Buch der Übersetzung Collers). Wahrlich, der Mann, der es unternimmt, die Leute in diesem wenig verbreiteten Zweig der Wissenschaft gratis und noch dazu auf eigene, nicht geringe Gefahr hin zu unterrichten, muss ein Menschenfreund sondergleichen sein. Doch ich gebe dies alles nur künftigen Moralisten zu bedenken; denn vorläufig bin ich noch der Meinung, dass sehr wenige Morde aus philanthropischen oder patriotischen Gründen geschehen und kann nur wiederholen, was ich schon einmal gesagt habe, nämlich, dass die Mehrzahl der Mörder einen höchst minderwertigen Charakter besitzt.

Die Mordtaten Williams', die erhabensten und in ihrer Art vollkommensten, die je begangen wurden, will ich nur so nebenbei erwähnen. Es würde einer ganzen Vorlesung, ja sogar eines Zyklus von Vorlesungen bedürfen, um ihre Verdienste hinreichend hervorzuheben[44]. Doch einen merkwürdigen, mit jenem Fall verknüpften Umstand, aus dem hervorgeht, dass die Strahlen seines Genies das Auge des Gesetzes vollständig zu blenden schienen, möchte ich hier erwähnen. Sie alle werden sich erinnern, dass die Instrumente, mit denen er sein erstes große Werk (die Ermordung der Marrs) ausführte, ein Zimmermannsbeil und ein Messer waren. Das Beil gehörte einem alten Schweden, John Peterson mit Namen, und war mit dessen Anfangsbuchstaben gezeichnet. Williams hatte es im Marrschen Haus zurückgelassen, wo es in die Hände der Polizei fiel. Wäre nun dieser Umstand, meine Herren, der später zur Verhaftung Williams' führte, früher veröffentlicht worden, so hätte sein

44 | Erster Teil

zweites großes Werk, die Ermordung der Williamsons, die genau zwölf Tage später erfolgte, nie stattfinden können. Doch die Polizei hielt diese Tatsache zwölf Tage lang geheim, bis das zweite Werk vollbracht war, und erst nachher, anscheinend in der Empfindung, dass Williams nun genug für seinen Ruhm getan, der jetzt durch Zwischenfälle nicht mehr geschmälert werden konnte, veröffentlichte sie den Fund des gekennzeichneten Beils.

Wie ich mich zu Mr. Thurtells Fall[45] äußern soll, weiß ich nicht recht. Selbstverständlich achte ich meinen Vorgänger im Präsidium dieser Gesellschaft sehr hoch, auch gebe ich zu, dass seine Vorlesungen stets einwandfrei waren. Doch so geistreich er als Redner war, glaube ich, dass seine erste Leistung als Künstler in der Tat stark überschätzt worden ist. Ich selbst habe mich anfangs auch von der allgemeinen Begeisterung hinreißen lassen. Am Morgen nach dem Bekanntwerden des Mordes war die Versammlung der Kunstliebhaber so stark besucht wie nie mehr seit Williams' Tagen. Alte, bettlägerige Kenner, die sonst herumnörgelten, dass »rein nichts passiere«, humpelten in den Klub; solch einen Ausdruck beseeligter Zufriedenheit auf allen Gesichtern hatte ich selten gesehen. In allen Ecken beglückwünschte man sich händeschüttelnd und verabredete Festmahle für den Abend. Man hörte nur Ausrufe des Triumphes wie: »Na, was sagen Sie dazu?«, »Sind Sie nun zufrieden?«, »Ja, so etwas lobe ich mir!« Da, mitten in all dem Aufruhr verstummten wir plötzlich, als der alte Zyniker L. S. mit seinem Holzbein und seinem gewöhnlichen sauertöpfischen Gesicht hereinstapfte, wobei er fortwährend vor sich hinbrummte: »Elendes Plagiat – Ganz gemeines Plagiat, aus Andeutungen, die ich gemacht habe, zusammengestohlen! Außerdem ist sein Stil so hart wie Albrecht Dürers und so roh wie Füsslis!« Viele hielten es für einen Ausfluss seiner Eifersucht und bissigen Veranlagung; doch ich muss gestehen, dass, nachdem das Feuer der Begeisterung verraucht war, scharfsinnige Kritiker in Thurtells Stil ebenfalls ein gewisses »*falsetto*« herausfanden.

Naturgemäß musste der Umstand, dass er ein Mitglied unseres Klubs war, unser Urteil freundschaftlich beeinflussen; auch genoss er bei der Bevölkerung Londons eine vorübergehende Volkstümlichkeit, die ihm nicht gut bekam, denn *opinionum commenta delet dies, naturae iudicia confirmat.* Es existiert jedoch noch ein unvollendeter Plan Thurtells zur Ermordung eines Mannes mit einem Paar Hanteln, dem ich meine höchste Bewunderung zolle. Diese Skizze, die niemals ausgeführt wurde, übertrifft, meiner Meinung nach, in jeder Beziehung sein Hauptwerk, doch kann ich mit den Kunstkennern, die das Unvollendete der Skizze bedauern, nicht übereinstimmen, denn die von originellen Künstlern kühn hingeworfenen Umrisse und Bruchstücke tragen meistens den Stempel frischer Ursprünglichkeit, der bei genauer Ausführung der Einzelheiten leicht wieder schwindet.

Der Fall M'Kean[46] überragt, meines Erachtens, bei weitem die viel gerühmte Leistung Thurtells. Er ist tatsächlich über jedes Lob erhaben und den unsterblichen Werken Williams' innerlich so verwandt wie die *Äneis* der *Ilias*.

Jetzt ist es wohl an der Zeit, dass ich Ihnen ein paar Regeln über den Mord, nicht als Anweisung für Ihre Praxis, sondern als Anleitung für Ihr Urteil gebe. Den alten Weibern und der großen Masse der Zeitungsleser gefällt schlechterdings alles, vorausgesetzt, dass nur recht viel Blut dabei fließt. Doch der denkende Mensch verlangt etwas mehr. So wollen wir denn erstens von der Person sprechen, die sich für die Zwecke des Mörders am besten eignet, zweitens von der Örtlichkeit, drittens von dem Zeitpunkt und anderen Nebenumständen.

Was nun die Person betrifft, so halte ich es für das Richtigste, dass der zum Mordopfer Erkorene ein guter Mensch sein muss, denn ist er es nicht, so liegt die Gefahr nahe, dass er vielleicht gar selber Mordabsichten hegen könnte. Derartige Konkurrenzkämpfe, obgleich an sich hochinteressant, können den Ansprüchen strenger Kritik jedoch nicht standhalten.

Ich könnte Leute genug nennen, die in einer dunklen Allee ermordet worden sind und dem oberflächlichen Beobachter scheint die Sache dadurch genügend gekennzeichnet. Bei tieferem Einblick ist man jedoch dahinter gekommen, dass jene Ermordeten selbst die Absicht hatten, ihre Mörder zu überfallen, zu berauben und wenn möglich auch niederzumachen. Wenn das aber der Fall ist, dann ade künstlerische Vollendung der Mordtaten! Denn der Endzweck der Mordkunst ist doch ganz derselbe wie derjenige einer Tragödie in aristotelischem Sinne, nämlich die Menschenherzen durch Furcht und Mitleid zu läutern. Furcht mag nun freilich auch bei jenen Mordtaten mit im Spiele sein, allein wie soll man Mitleid empfinden, wenn ein Tiger den anderen zerfleischt?

Ebenso klar liegt auf der Hand, dass das Opfer eines Mordes keine im öffentlichen Leben stehende Persönlichkeit sein darf. Ein erfahrener Mordkünstler würde zum Beispiel niemals versucht haben, Abraham Newland[47] zu ermorden, denn jedermann las den Namen dieses Mannes so oft, ohne ihn selbst jemals zu Gesicht zu bekommen, dass er für das große Publikum schon geradezu ein abstrakter Begriff geworden war. Ich erinnere mich zum Beispiel, dass man mich einmal, als ich gesprächsweise erwähnte, ich hätte in einem Kaffeehaus mit Abraham Newland zusammen gespeist, höchst misstrauisch ansah, als ob ich behauptete, mit Prester John Billard gespielt oder mit dem Papst einen Ehrenhandel ausgetragen zu haben. Letzterer gehört übrigens gleichfalls in die Kategorie der als Mordopfer gänzlich ungeeigneten Persönlichkeiten. Bei seiner Allgegenwart als Vater der Christenheit hört man nämlich beständig von ihm, sieht ihn aber so selten wie den Kuckuck und die Vermutung, dass er vielen Menschen auch schon zu solch einer abstrakten Idee geworden ist, entbehrt daher nicht einer gewissen Berechtigung. Etwas Anderes freilich ist es, wenn eine im öffentlichen Leben stehende Person Diners »mit allen Delikatessen der Saison« zu geben pflegt. In diesem Falle ist wohl jeder davon überzeugt, dass man es nicht mit einem abstrakten Begriff zu tun hat und es stände der Ermordung dieser Persönlichkeit daher nichts im Wege. Allerdings würde ein solcher

Die Vorlesung | 47

Mord in die Klasse der Meuchelmorde fallen, von denen ich bisher noch nicht gesprochen habe.

Drittens muss das auserkorene Opfer vollkommen gesund sein; es ist höchst barbarisch, eine kranke Person zu ermorden, die dem Angriff des Mörders nicht gewachsen ist. Aus diesem Grund darf man zum Beispiel keinen über fünfundzwanzig Jahre alten Schneider wählen. Von diesem Alter an leiden nämlich die meisten bereits an schlechter Verdauung. Will man sich aber trotzdem die Jagd in jenem Gehege nicht versagen, so muss man nach guter alter Regel wenigstens eine Potenz von Neun, also Achtzehn oder Siebenundzwanzig oder Sechsunddreißig auf ein Mal zur Strecke bringen. Gerade in dieser liebevollen Rücksichtnahme auf das Wohlbefinden kranker Personen erkennt man die veredelnde und verfeinernde Wirkung echter Kunst. Die breite Masse ist im Allgemeinen sehr blutdürstig und verlangt von einem Mord nichts weiter als möglichst ausgiebiges Blutvergießen. Der Geschmack des gewiegten Kenners ist dagegen weit anspruchsvoller, hat er doch die Wirkung seiner Kunst, die ja wie jede andere freie, mit Meisterschaft betriebene Kunst, das Wesen ihrer Jünger adelt, am eigenen Leib erfahren, denn

> *Ingenuas didicisse fideliter artes*
> *Emollit mores, nec sinit esse feros.«*

Ein philosophisch veranlagter Freund unserer Sache, der durch seine Menschenfreundlichkeit und Nächstenliebe allgemein bekannt ist, verlangt auch, dass zur Erhöhung des künstlerischen Pathos der Ermordete eine Schar hilfloser, unversorgter Kinder hinterlassen müsse – zweifellos eine sehr feine Nuance, auf der ich jedoch nicht allzu streng bestehen möchte. Zwar gebe ich zu, dass die Erfüllung dieser Forderung fraglos höchste künstlerische Vollendung bedeutet, wenn jedoch das vom Künstler erwählte Objekt in moralischer und gesundheitlicher Beziehung vollkommen einwandfrei zu nennen ist, möchte ich einer derartigen Beschränkung des künstlerischen Betätigungsfeldes nicht in das Wort reden.

So viel über die Person des Opfers. Was nun Zeit, Ort und Werkzeug der Tat anbetrifft, so wäre darüber noch sehr vieles zu sagen, wozu es mir hier leider an Raum mangelt. Der gesunde Menschenverstand hat bei solchen Taten gewöhnlich Nacht und Verborgenheit bevorzugt, doch ist man mitunter auch von dieser Regel abgewichen, und zwar mit ausgezeichnetem Erfolg. Im Hinblick auf die Zeit ist beispielsweise der Fall Ruscombe, den ich bereits erwähnte, eine jener hervorragenden Ausnahmen; und was Zeit und Ort anbetrifft, so finden wir in den Annalen von Edinburgh (1805) einen Ausnahmefall, der seinerzeit jedem Kind in Edinburgh bekannt, seitdem jedoch durch englische Amateure in unverantwortlicher Weise seines wohlverdienten Ruhms beraubt worden ist. Der Fall, den ich meine, betrifft einen mit einer namhaften Summe fortgeschickten Kassenboten, der am helllichten Tage in der High Street, einer der belebtesten Straßen Europas, ermordet wurde und dessen Mörder noch heute nicht entdeckt worden ist.[48]

»Sed fugit interea, fugit irreparabile tempus,
Singula dum capti circumvectamur amore.«

Und nun meine Herren, lassen Sie mich zum Schluss noch einmal feierlich beteuern, dass ich selbst nicht den geringsten Anspruch darauf erhebe, zu den Kunstbeflissenen gerechnet zu werden. Den einzigen Mord, den ich je verübt habe, beging ich im Jahre 1801 an einem Kater und sogar diese bescheidene Kunstübung nahm einen ganz anderen Ausgang, als ich eigentlich beabsichtigt hatte. Der Zweck, den ich verfolgte, war offensichtlicher Mord. *»Semper ego auditor tantum?«* sagte ich mir, *»nunquamne reponam?«* Und so machte ich mich denn um ein Uhr in einer dunklen Nacht auf die Suche nach dem Kater, mit dem ganzen *»animus«* und zweifellos auch dem teuflischen Aussehen eines Mörders von Beruf. Ich fand mein Opfer gerade im Begriff, die Speisekammer zu plündern und dadurch bekam die Sache natürlich sofort ein anderes Gesicht. Denn es waren schlechte Zeiten damals, sodass manch ein ehrlicher Christen-

Die Vorlesung | **49**

mensch sich mit Kartoffelbrot und Reisbrot behelfen musste und da sollte ich es ruhig mit ansehen, wie der verwünschte Kater in dem teuren Weizenbrot hauste? Nein, in diesem Augenblick war es einfach soziale Pflicht, ihn zu töten, und während ich den funkelnden Stahl zückte, beseelte mich ein Gefühl, wie Brutus es an der Spitze der Vaterlandsfreunde empfunden haben musste. Und als ich ihn durchbohrte, »Da rief ich laut des Tullius Namen aus und huldigte dem Vater seines Landes.«

Seit jener Zeit verschloss ich alle Mordgedanken, die ich etwa noch gegen bejahrte Schafe, bejahrte Hennen und ähnliches »Niederwild« hegen mochte, in meiner tiefsten Brust und gar bis zur weidgerechten Pirsch auf Hochwild hat mein Ehrgeiz sich nie verstiegen. Nein, meine Herren, mit den Worten des Horaz:

»Fungar vice cotis, acutum
Reddere quae ferrum valet, exsors ipsa secandi.«

ZWEITER TEIL [49]

Über den Mord

Wie sich der geschätzte Leser entsinnen wird, gab ich mich vor einer Reihe von Jahren für einen Mordliebhaber[50] oder, besser noch, für einen Kunstkenner in Mordsachen aus, wenn das Wort »Liebhaber« dem Geschmack des mit einem zarten Gewissen und schwachen Nerven begabten Publikums zu krass klingen sollte. Darin, hoffe ich, kann niemand etwas Unrechtes finden. Schließlich ist doch kein Mensch verpflichtet, Augen, Ohren und Verstand in die Hosentasche zu stecken, wenn sich ein Mord ereignet. Falls er nicht gänzlich stumpfsinnig ist, muss es ihm unbedingt einleuchten, dass ein Mord mehr oder weniger geschmackvoll ausgeführt werden kann als der andere. Wie Statuen, Gemälde, Oratorien, Kameen und Schnitzwerke, so unterscheiden sich auch Morde durch feine, künstlerische Nuancen.

Man kann es einem Manne wohl verübeln, wenn er über einen Gegenstand zu viel oder in zu breiter Öffentlichkeit spricht (das »Zuviel« stelle ich übrigens in Abrede – nie kann jemand seinen Kunstsinn zu sehr vervollkommnen), aber das Denken wenigstens müsste man ihm freistellen. Würden Sie es wohl für möglich halten, dass die Kunde von dem kleinen, ästhetischen Essay, das ich veröffentlicht hatte, sich wie ein Lauffeuer in der ganzen Nachbarschaft verbreitete? Und als die Leute unseligerweise gleichzeitig erfuhren, dass ich bei einem Festmahl in dem Klub, welcher der gleichen Richtung huldigte, wie mein Essay – nämlich der Verbreitung des guten Geschmacks unter den getreuen Untertanen Ihrer Majestät[51] – den Vorsitz geführt hatte, überschütteten sie mich mit den niederträchtigsten Verleumdungen. Unter anderem behaupteten sie, dass ich oder der Klub (was auf dasselbe herauskommt) Prämien für wohlgelungene Abschlachtungen ausgesetzt hätte, und zwar nach einer für unsere Freunde aufgestellten Tabelle, die eine Skala von Abzügen für Missgriffe und Fehler bei der Ausführung der Tat enthielte. Wenn ich nunmehr dazu schreite, dem geneigten Leser die volle Wahrheit betreffs des Festmahls und des Klubs zu enthüllen, so wird er daraus ersehen, wie bösartig die Welt ist. Doch zunächst sei es mir gestattet, meine Grundsätze in der fraglichen Angelegenheit vertrauensvoll darzulegen.

Es ist eine feststehende Tatsache, dass ich nie im Leben einen Mord begangen habe. Meine sämtlichen Freunde können es bezeugen, und wenn ich wollte, könnte ich einen Bogen Papier von der Größe eines Tischtuchs voller Unterschriften sammeln. Ich bezweifle sogar sehr, ob viele Leute imstande wären, so starke Beweismittel für ihre Unschuld beizubringen. Allerdings behauptet ein Klubmitglied, ich hätte mich einmal zu später Nachtstunde, als wir beide allein übrig geblieben waren, an seiner Gurgel zu schaffen gemacht. Doch pflegt sein Bericht, je nachdem wie deutlich er *Zivilisation* oder nur *Zi-vil-l-ation*[52] aussprechen kann, stets anders zu lauten. Befindet er sich noch im Anfangsstadium, so begnügt er sich damit, zu erzählen, ich hätte mit seiner Kehle geliebäugelt, worauf ich ein paar Wochen lang in Schwermut verfallen wäre. Auch hätte das feine Ohr des Kenners damals aus dem Klang meiner Stimme das Bedauern über die »verpasste Gelegenheit« herausgehört. Doch weiß der ganze Klub, dass er selbst ein in seinen Hoffnungen Betrogener ist und zuzeiten die verhängnisvolle Nachlässigkeit, ohne Handwerkszeug ausgegangen zu sein, bitter beklagt. Übrigens ist das Ganze nur eine Angelegenheit zwischen zwei Dilettanten, denen wohl in einem solchen Falle ein paar kleine Schwindeleien und Übertreibungen gestattet sind.

»Nun, wenn Sie auch gerade selbst noch niemand totgeschlagen haben, so könnten Sie doch immerhin einen Mord begünstigt oder gar angestiftet haben«, werden Sie einwenden, lieber Leser! Auf mein Ehrenwort – nein! Dafür will ich eben in diesen Zeilen den Beweis antreten. Tatsächlich bin ich in allem, was den Mord anbelangt, sehr feinfühlig; ja, es kann sogar sein, dass ich hierbei in meinem Zartgefühl zu weit gehe. Der Stagirite ist vollkommen im Recht, wenn er – möglicherweise im Hinblick auf einen ähnlichen Fall wie den meinen – die Tugend in den Mittelpunkt zwischen zwei Extreme stellt. Stets den goldenen Mittelweg einzuhalten, sollte sicherlich jedes Menschen eifrigstes Bestreben sein. Wenn es nur nicht leichter gesagt als getan wäre! Bei meiner allseits bekannten Weichherzigkeit gelingt es mir leider nicht, die stetige Äquatorlinie zwischen den beiden Polen »zu viel« und »zu wenig« Mord einzuhalten. Durch meine übertriebene Gutmütigkeit werden Leute verschont – oder vielmehr gehen gänzlich unbehelligt durchs Leben, die eigentlich nicht geschont werden dürften. Wenn ich die Welt zu regieren hätte, so gäbe es, glaube ich, jahraus jahrein keinen einzigen Mord, denn ich bin wahrhaftig mehr für Frieden, Ruhe, Zukreuzekriechen und Kleinbeigeben.[53] Einstmals bewarb sich um die frei gewordene Stelle eines Dieners bei mir ein Mann, der in dem Ruf stand, in unserer Kunst ein wenig, und zwar nicht ganz erfolglos, herumgepfuscht zu haben. Dass er voraussetzte, die Ausübung dieser Kunst gehöre zu seinen regelmäßigen, dienstlichen Obliegenheiten und seine Lohnansprüche danach bemaß, verblüffte mich jedoch stark. Das konnte ich unmöglich zugeben, und ich sagte ihm dann auch sofort: »Richard (oder James oder wie er sonst heißen mochte), Sie irren sich in mir. Wenn jemand diesen schwierigen (und lassen Sie mich hinzufügen: gefährlichen) Kunstzweig ausüben will oder – weil er eine ungewöhnlich glänzende Begabung in sich spürt –, muss, so kann er seine Studien fortsetzen, gleichviel ob er sich in meinem Dienst oder in dem eines Andern befindet. Auch würde es ihm sowie dem Gegenstand, an dem er sich betätigt, nur zum Vorteil gereichen, wenn kunstverständige Leute ihn anleiteten. Wohl bedeutet Genie viel, doch ist der Rat eines Mannes, der

Über den Mord | 55

ein langes, eingehendes Studium hinter sich hat, auch nicht zu verachten. Allgemeine Regeln will ich Ihnen daher gern geben, aber das ist auch alles! Mit irgendeinem konkreten Fall will ich nichts zu tun haben. Lassen Sie sich das ein für allemal gesagt sein! Kommen Sie mir nicht mit einem Plan zu einem Kunstwerk, das Sie ausgeheckt haben – ich will nichts davon wissen. Wenn ein Mensch sich erst aufs Morden einlässt, dann verfällt er auch bald aufs Rauben; Saufen und Sabbatschänden sind die nächsten Laster, und von da ist es nicht mehr weit zu Frechheit und Saumseligkeit. Wer sich einmal auf abschüssiger Bahn befindet, kann nie wissen, wo er endet. Schon bei manchem Menschen ist ein Mord oder ein ähnlicher kleiner Fehltritt, dem er zurzeit keine Bedeutung beimaß, der erste Schritt zum Verderben gewesen. »*Principiis obsta* – das ist mein Grundsatz.« Diese Worte, die ich zu jenem Mann sprach, waren auch stets die Richtschnur meines Handelns. Ich wüsste also wirklich nicht, was tugendhafter sein könnte.

Nunmehr komme ich zu dem Klub und dem Festessen. Der eigentliche Begründer jenes Klubs bin ich nicht, da er – wie sehr viele derartige Vereinigungen zur Förderung der Wahrheit und Ausbreitung neuer Ideen – sein Entstehen mehr einem allgemein empfundenen Bedürfnis als der Anregung eines Einzelnen verdankt.

Wenn man die Verantwortung für das Festmahl einem der Klubmitglieder besonders in die Schuhe schieben will, so kann in diesem Fall nur die »Unke« in Frage kommen. Seine missvergnügte, menschenfeindliche Gemütsart, in der er auf jeden modernen Mord als scheußlich misslungene, allen Regeln der Kunst Hohn sprechende Stümperei schimpfte, hatte ihm in unserem Kreise den erwähnten Spitznamen eingetragen. Die glänzendsten Leistungen unserer Epoche kritisierte er mit beißendem Spott und wurde schließlich so streitsüchtig und als *laudator temporis acti* so verschrien, dass man gern seine Gesellschaft mied, was seinen Grimm noch steigerte. Wo man ihn nur irgend zu Gesicht bekam, brummte er vor sich hin und hielt Selbstgespräche, aus denen Schlagworte wie »minderwertiger Streber, kein Sinn für Linienführung, keine Idee von Technik« heraustönten. Schließlich machte er den Eindruck, als sei ihm das Dasein vollständig vergällt, er richtete nur noch selten das Wort an uns und schien stattdessen mit Gespenstern Zwiesprache zu halten. Wie seine Haushälterin uns erzählte, beschränkte sich seine Lektüre lediglich auf *Gottes Strafgericht über den Mord* von Reynolds[54] und einen alten, ebenso betitelten Schmöker, den Sir Walter Scott in *Nigels Schicksalen*[55] erwähnt. Manchmal blätterte er noch in dem *Newgate Kalender* von 1788; ein Buch neueren Datums nahm er grundsätzlich nie in die Hand. Er verstieg sich sogar zu der Behauptung, dass die Französische Revolution für den Niedergang der Mordkunst verantwortlich sei. »Es wird nicht lange dauern«, pflegte er zu sagen, »und die Menschen werden nicht einmal mehr Hühner schlachten können. Selbst die Anfangsgründe der Kunst gehen ihnen allmählich verloren.« Im Jahre 1811 zog er sich gänzlich von der menschlichen Gesellschaft zurück. An keinem öffentlichen Versammlungsort ward »Unke« mehr gesehen. Weder auf der Wiese noch im Walde war er zu finden. Nur am Ufer des Kanals streckte er um die Mittagszeit seine trägen Glieder und starrte auf die trüben Fluten, die sich vorüberwälzten.[56] »Selbst die Hunde sind nicht mehr, was sie waren – noch was sie sein sollten«, spann dieser Sittenprediger seine tiefsinnigen Betrachtungen. »Zu Lebzeiten meines Großvaters verstanden sie noch, zu töten. Ich erinnere mich einer Bulldogge, die ihrem Nebenbuhler im Hinterhalt auflauerte, jawohl, mein Herr, und ihn schließlich wirklich sehr geschmackvoll umbrachte. Auch zählte ich einen Kater zu meiner engeren Bekanntschaft, der Ähnliches geleistet hatte. Doch heutzutage – « Als ob die Fortsetzung dieses Gesprächs ihm unerträgliche Qualen bereite, presste er die Hand an die Stirn und wankte in der Richtung seines Lieblingskanals davon, wo ein Kunstliebhaber ihn in einer Verfassung antraf, die es ihm bedenklich erscheinen ließ, den Sonderling anzureden. Kurz darauf verkroch sich »Unke« in sein Loch; er war anscheinend

Über den Mord | 57

unrettbar in Tiefsinn verfallen, und es ging sogar das Gerücht, er habe sich erhängt.

Mit dieser weit verbreiteten Annahme befand sich die Welt, wie so oft auch in anderer Hinsicht, wieder einmal auf dem Holzwege. Wohl mochte »Unke« schlafen, doch tot war er keinesfalls, wie uns der Augenschein bald belehren sollte. Eines schönen Morgens im Jahre 1812 überraschte uns ein Kunstliebhaber mit einer Neuigkeit, dass er »Unke« schnellen Schrittes über die taufeuchten Wiesen am Kanalufer dem Postboten habe entgegeneilen sehen. Schon dies war höchst auffallend, doch wie erstaunten wir erst, als wir ferner vernahmen, dass »Unke« sich rasiert und seine Trauergewänder mit einem hochzeitlichen Kleide vertauscht habe.[57] Was konnte das bedeuten? Hatte er den Verstand verloren? Nach kurzer Zeit »kam dann die Mordgeschichte heraus« und zwar in mehr als bildlichem Sinne.

Die Londoner Morgenzeitungen brachten die Nachricht, dass vor drei Tagen im Zentrum von London ein Mord geschehen sei, wie ihn das Jahrhundert bis jetzt auch nicht annähernd so glorreich aufzuweisen hätte. Ich brauche wohl nicht hinzuzufügen, dass es Williams' großes Vernichtungswerk im Hause Mr. Marrs, Ratcliffe Highway Nr. 29, und, so weit bisher bekannt, das Debüt des Künstlers war. Das zweite ausgeführte Werk, das sich zwölf Nächte später bei Mr. Williamson ereignete, trug, nach Ansicht verschiedener Leute, in noch höherem Grade den Stempel künstlerischer Vollendung. Doch »Unke« erhob dagegen Einspruch. »Diese leidige Sucht, zu vergleichen«, wie La Bruyère sie nennt, »wird noch unser Verderben sein,« eiferte er sich. »Jedes Kunstwerk hat seine eigenen charakteristischen Merkmale – es lässt sich nicht mit anderen vergleichen. Wenn auch einer die *Ilias,* der andere die *Odyssee* anführt, was gewinnt Ihr dadurch? Keine von beiden kann oder wird je übertroffen werden, und redet Ihr auch stundenlang darüber, Ihr müsst doch immer wieder auf dasselbe zurückkommen.« Kritiken über die beiden Morde zu schreiben, wäre zwar ein ganz überflüssiges Bemühen, meinte er, doch über jeden dieser Fälle ließen sich Bände verfassen und er schlüge vor, einen Quartband zu veröffentlichen.

Wie kam es aber, dass die Kunde von dem Meisterwerk schon in aller Herrgottsfrühe an »Unkes« Ohren gedrungen war? Ein Londoner Korrespondent hatte den Auftrag, in »Unkes« Interesse den Kunstmarkt zu beobachten und im Falle einer bemerkenswerten Neuerscheinung auf jenem Gebiete sofort einen Expressboten abzuschicken, Kostenpunkt Nebensache! Der Bote langte mitten in der Nacht an, und »Unke«, der nach mehrstündigem Schimpfen zu Bett gegangen war, musste geweckt werden. Nachdem er den Bericht gelesen, umarmte er den Boten, nannte ihn Bruder, »rettenden Engel« und drückte ihm sein lebhaftes Bedauern darüber aus, dass es leider nicht in seiner Macht läge, ihm den Adel zu verleihen. Als wir übrigen Kunstliebhaber nun hörten, dass der alte Sonderling sich nicht aufgehängt hatte, drangen wir darauf, dass er sich persönlich unter uns blicken ließe. Er erschien, schüttelte jedem von uns fast die Hand aus dem Gelenk, wobei er sich in Ausdrücken höchster Begeisterung erging wie: »Endlich einmal ein wirklicher Mord! Etwas Großes, Echtes! Etwas, womit man sich einverstanden erklären, was man seinem besten Freund warm empfehlen kann – eine ganz einwandfreie Sache! Ja, an solchen Werken wird man noch einmal jung!« Tatsächlich waren wir uns sämtlich darüber einig, dass »Unke« ohne diese Wiedergeburt der Kunst, welche er ein zweites Zeitalter Leos X. nannte, sicherlich draufgegangen wäre. Dieses Ereignis feierlich zu begehen, sei unsere heilige Pflicht, meinte er. Einstweilen brachte er ein gemeinsames Festmahl in Vorschlag, zu dem alle Kunstliebhaber auf hundert Meilen in der Runde eingeladen wurden.

Über dieses Festessen existieren im Archiv des Klubs zahlreiche Notizen in Kurzschrift, die aber, um mich diplomatisch auszudrücken, nicht »übertragen« worden sind, und der Berichterstatter, der allein imstande wäre, den ganzen Bericht in extenso zu geben, ist leider abhanden gekommen – wenn ich nicht irre, so ist er ermordet worden. Bei einem viele Jahre später, anlässlich einer vielleicht ebenso interessanten Gelegenheit, nämlich beim Auftreten der Thugs und des Thuggismus[58], stattfindenden Festessen übernahm ich selbst in der Befürchtung, dass dem Stenografen wieder etwas zustoßen könnte, den Bericht, den ich hier beifüge.

Ich muss erwähnen, dass »Unke« auch bei diesem Festessen zugegen war, was der Sache einen gemütvollen Anstrich verlieh. Wenn er bei dem Essen von 1812 so alt wie die Täler war, musste er nach dem natürlichen Verlauf der Dinge beim Thug-Essen 1838 so alt wie die Berge gewesen sein. Er hatte sich wieder einen Bart stehen lassen, zu welchem Zweck kann ich nicht sagen, aber seine Züge erhielten dadurch etwas Mildes, Patriarchalisches. Ein schier überirdisches Lächeln verklärte sein Antlitz, als er sich nach dem unglücklichen Berichterstatter erkundigte (dabei erzählt man sich, dass er selbst ihn in einer Anwandlung künstlerischen Schöpfertriebes umgebracht haben sollte). »Non est inventus«, gab der Untersheriff unserer Grafschaft zur Antwort, was einen stürmischen Heiterkeitsausbruch entfesselte. »Unke« lachte dermaßen, dass wir glaubten, er würde ersticken. Auf dringendes Bitten der Gesellschaft setzte ein Komponist den Scherz in Musik, und das Lied wurde unter allgemeinem Beifall und nicht enden wollendem Gelächter fünfmal nach Tisch gesungen, wobei der Chor sich bemühte, den Unkenruf so lieblich wie irgend möglich nachzuahmen. Der Text lautete:

»Et interrogatum est a »Toad-in-the-hole«: Ubi est ille reporter? Et responsum est cum cachimo: Non est inventus.«
    Chor.
»Deinde iteratum est ab omnibus, cum cachinnatione undulante, trepidante: Non est inventus.«

Nachträglich muss ich noch berichten, dass »Unke« vor etwa neun Jahren, als ein Expressbote aus Edinburg ihm die erste Kunde von der durch Burke und Hare[59] eingeleiteten Umwälzung auf dem Gebiet unserer Kunst brachte, einen Tobsuchtsanfall bekam und den Boten, statt ihm eine lebenslängliche Pension auszusetzen oder einen Adelsbrief zu verleihen, fast selbst »geburkt« hätte, sodass er in eine Zwangsjacke gesteckt werden musste. Deshalb konnte damals kein Festessen stattfinden. Doch diesmal waren wir alle, die Narrenhäusler sowohl wie die anderen, wieder frisch und munter; auf der Liste der Festteilnehmer fehlte nicht ein Einziger; auch waren verschiedene fremde Kunstliebhaber als Gäste anwesend.

Nachdem die Tafel aufgehoben war, erhob sich ein allgemeines Verlangen nach der neuen Hymne »*Non est inventus*«, doch da sich diese mit dem erforderlichen Ernst der ersten Trinksprüche nicht vereinen ließ, lehnte ich den Vorschlag ab. Nach den üblichen patriotischen Toasten galt der erste offizielle in Gestalt eines stillen Glases dem »Alten vom Berge«.[60]

»Unke« dankte in gewählter Rede, in deren Verlauf er durch einige zarte Andeutungen auf eine gewisse Ähnlichkeit zwischen dem »Alten vom Berge« und der eigenen Persönlichkeit anspielte, was bei der ganzen Gesellschaft ungeheure Heiterkeit auslöste. Er schloss mit einem Hoch auf Herrn von Hammer, dessen Geschichte des »Alten« und seiner Untertanen, der »Assassinen«[61], er anerkennend gedachte.

Hierauf erhob ich mich und erwiderte, dass zweifellos den meisten von uns hinlänglich bekannt sei, welchen Ehrenplatz die Orientalisten dem Österreicher von Hammer, diesem ausgezeichneten Kenner des Orients, anwiesen. Auf dem Gebiete unserer Kunst habe er, soweit sie im Zusammenhange mit jenen frühen und hervorragenden Künstlern, den syrischen Räubern, zur der Zeit der Kreuzzüge steht, die tiefgründigsten Forschungen angestellt. Seit mehreren Jahren ruhe sein Werk als ein kostbarer Schatz in der Bibliothek des Klubs. »Ja, sogar der Name des Autors, meine Herren«, fuhr ich fort, »kennzeichnet ihn als den berufenen Historiker unserer Kunst – von Hammer.«

»Sehr richtig,« unterbrach mich »Unke«, »von Hammer ist der Mann für einen *malleus haereticorum*. Sie alle wissen, welches Gewicht Williams auf den Hammer oder das Zimmermannsbeil,

Über den Mord | 61

was dasselbe besagen will, legte. Meine Herren, ich erinnere Sie noch an einen anderen großen Hammer, Karl den Hammer oder, wie er im Altfranzösischen genannt wurde, Karl Martell, der die Sarazenen zerschmetterte: Ein Hoch auf Karl Martell!«

Dieser spontane Ausbruch »Unkes« und das Hoch auf Karls des Großen hochseligen Großpapa hatten die Gesellschaft außer Rand und Band gebracht. Stürmisch wurde wieder das neue Lied vom Orchester verlangt.

Der nächste Toast galt den jüdischen Sicarii, über die ich den Anwesenden folgende Erläuterungen gab. »Es wird Sie sicherlich interessieren, meine Herren, dass die altehrwürdigen Assassinen im eigenen Lande bereits Vorläufer hatten. In ganz Syrien, hauptsächlich aber in Palästina betrieb während der ersten Regierungszeit Kaiser Neros eine Räuberbande auf eine ganz vom Herkömmlichen abweichende Art ihre Studien. Sie betätigten sich nicht zur Nachtzeit oder an einsamen Orten, sondern mischten sich in der richtigen Erwägung, dass dichte Menschenmassen an sich schon eine Art Finsternis darstellen, in der man den Täter nicht herausfinden kann, überall ins Gedränge. Wie Josephus berichtet, trieben sie ihre Kühnheit sogar so weit, beim Passahfest in Jerusalem in den Tempel zu dringen – und gab es dort wohl ein würdigeres Objekt für ihre Kunst als Jonathan, den Pontifex Maximus selbst? Und ich behaupte, meine Herren, hätten sie ihn bei stockdunkler Nacht in einer engen Gasse unter den Händen gehabt, sie hätten keine vorzüglichere Arbeit leisten können. Als man dann nach dem Mörder und dessen Herkunft forschte, lautete die Antwort: – »*Non est inventus*«, rief »Unke« dazwischen.

»Meine Herren, einen ausführlichen Bericht über die Sicarii und eine genaue Beschreibung ihrer Werkzeuge finden Sie bei Josephus:

»Sie arbeiteten mit kurzen Säbeln, die sich nicht viel von den persischen *Acinacae* unterschieden und in ihrer stark gebogenen Form noch mehr den halbmondförmigen römischen *Sicae* glichen.«

Wahrhaft erhebend, meine Herren, ist eine eingehende Lektüre der glorreichen Geschichte der Sicarii. Vielleicht bildet sie den einzigen, urkundlich nachgewiesenen Fall, wo ein regelrechtes Heer von Mördern, *ein justus exercitus*, geschlossen auftrat. Sie rotteten sich in der Wüste so zahlreich zusammen, dass Festus selbst ihnen an der Spitze der römischen Legionen entgegenziehen musste. In der heißen Schlacht, die darauf entbrannte, wurde das Heer dieser Kunstliebhaber vollständig aufgerieben. Beim Himmel, meine Herren, ein Bild erhabenster Größe! Stellen Sie sich vor! Die römischen Legionen – die Wüste – am Horizont Jerusalem und im Vordergrunde ein Heer von Mördern!«

Der nächste Trinkspruch galt »der weiteren Vervollkommnung der Werkzeuge und dem Dank an den Festausschuss«. Im Namen des Bericht erstattenden Komitees hielt darauf Mr. L. ein äußerst fesselndes Referat, aus dem hervorging, welch großes Gewicht schon die Alten, die Griechen sowohl wie die Römer, auf die Art der Ausführung legten. Zur Bestätigung dieser interessanten Tatsache machte er eine sehr verblüffende Mitteilung in Bezug auf das früheste Werk vorsintflutlicher Kunst. Auf Seite eintausendvierhundertundeinunddreißig[62] seines umfangreichen Kommentars zur Genesis erwähnt nämlich ein gelehrter, römisch-katholischer Mönch, Pater Mersenne, von Geburt Franzose, der sich dabei auf Werke mehrerer jüdischer Rabbis (Schriftgelehrter) bezieht, dass der Streit zwischen Kain und Abel um ein junges Weib entstand. Und zwar hat nach Angabe einiger Schriftgelehrter Kain seinen Bruder mit den Zähnen *(Abelem fuisse »morsibus« dilaceratum a Cain),* nach Angabe anderer hat er ihn mit einem Eselskiefer ermordet, ein Werkzeug, das auch die meisten Maler in der Darstellung der Mordszene gewählt haben.

Für jeden fein empfindenden Menschen ist es höchst erfreulich, dass mit dem Fortschritt der Wissenschaft gesündere Anschauungen sich durchsetzen. Da tritt ein Autor für die Heugabel ein, Sankt Chrysostomus für ein Schwert, Irenäus für eine

Über den Mord | 63

Sense, und Prudentius, der christliche Dichter des vierten Jahrhunderts, gibt uns seine Ansicht über diesen Punkt in folgenden Worten kund: »*Frater probatae sanctitatis aemulus Germana curvo colla frangit sarculo*«, womit der Verfasser sagen will, dass »der Bruder in seiner Eifersucht auf die bewiesene Heiligkeit des anderen Bruders diesem mit einem krummen Gartenmesser die Kehle durchschneidet«.

Es ist nicht die Sache des Komitees, meine Herren, diese Frage zu entscheiden; meine Darlegung bezweckt nur, der Jugend die Wichtigkeit, die sogar von Männern wie Chrysostomus und Irenäus der Art des Werkzeugs beigelegt wurde, eindringlich vor Augen zu führen.«

»Hol der Teufel den Irenäus!« rief »Unke« ungeduldig und erhob sich, um den nächsten Trinkspruch auszubringen: »Auf unsere irischen Freunde! Mögen sie in Bezug auf ihre Werkzeuge und alles andere, was mit unserer Kunst zusammenhängt, schleunigst eine völlige Umwälzung herbeiführen! Wir wollen der Wahrheit die Ehre geben, meine Herren. An jedem Tag fällt, wenn wir die Zeitung in die Hand nehmen, unser Auge auf einen Mordbericht. Wir fangen an, zu lesen, rufen: »Gut! Ausgezeichnet! Prachtvoll!«, doch schon nach wenigen Zeilen erkennen wir an den Ortsnamen: Tipperary, Ballina oder dergleichen die irische Machart. Sofort wettern wir los, winken den Kellner herbei und schimpfen: »Schaffen Sie uns die Zeitung aus den Augen, werfen Sie sie zum Fenster hinaus! Sie beleidigt unseren Schönheitssinn!« Ich frage jeden unter Ihnen, meine Herren, ob er nicht bei der Entdeckung, dass ein besonders vielversprechender Mord den irischen Stempel trägt, genau so wütend wird, als wenn der Kellner ihm statt des bestellten Madeiras Kapwein bringt, oder als wenn er einen Edelpilz gefunden zu haben glaubt und sich das Gewächs nachher als ganz gemeiner Fliegenschwamm entpuppt?

Steuerfragen, Politik, kurz irgendetwas unsere Kunst Verderbendes, entweiht jeden irischen Mord. Hier muss dringend Ordnung geschaffen werden, meine Herren, oder Irland hört auf, zu den Ländern zu zählen, wo ein anständiger Mensch existieren kann. Wenigstens müssten wir, falls wir dort leben wollten, alle unsere Morde importieren, das ist klar!« Noch immer fauchend vor unterdrücktem Zorn setzte sich »Unke«, und ein stürmisches »Hört! Hört!« verkündete geräuschvoll die allgemeine Zustimmung.

Der nächste Toast galt »der glorreichen Epoche des »Burkismus und Harismus«! Mit Begeisterung wurden die Gläser geleert. Eines der Mitglieder, das sich zur Sache äußerte, machte der Gesellschaft eine höchst merkwürdige Mitteilung:

»Wir halten den Burkismus für eine Erfindung unseres Zeitalters, meine Herren, und tatsächlich hat auch kein Pancirollus diesen Kunstzweig in seinem *de rebus deperditis* erwähnt.[63] Dennoch konnte ich feststellen, dass die wesentlichen Grundlehren dieser Kunstart schon den Alten bekannt waren; obgleich sie, wie die Kunst der Glasmalerei, der Anfertigung der Myrrhengefäße und andere mehr wegen mangelnder Förderung wieder im Dunkel der Jahrhunderte untergegangen ist. In der berühmten, von Planudes[64] zusammengestellten Sammlung griechischer Epigramme befindet sich ein wahres Juwel, das direkt auf einen blendend schönen Fall von Burkismus gemünzt ist. Das Epigramm selbst kann ich Ihnen augenblicklich leider nicht zitieren; doch hier ist ein den Anmerkungen über Vopiscus[65] von Salmasius entnommener Auszug:

»*Est et elegans epigramma Lucilii*[66], *ubi medicus et pollinctor de compacto sic egerunt ut medicus aegros omnes curae suae commissos occideret.*«

Wie Sie sehen, war dies die Grundlage des Vertrages, den einerseits der Doktor für sich und seine Rechtsnachfolger abgeschlossen hatte und auch getreulich erfüllte, indem er alle die ihm anvertrauten Patienten ermordete: Und aus welchem Grunde? Darin liegt eben die Schönheit des Falles – »*Et ut pollinctori amico suo traderet pollingendos.*« Bekanntlich versah der »*pollinctor*« das Geschäft des Schmückens und Herrichtens von Leichen zur

Über den Mord | **65**

Bestattung. Die eigentliche Veranlassung zu dem Abkommen scheint sentimentaler Natur gewesen zu sein; denn der mordlustige Doktor äußert sich mit Bezug auf den Pollinctor: »Er war mein Freund, er war mir lieb und wert.« – Doch das Gesetz, meine Herren, will in seiner Strenge und Härte von solchen zarten Beweggründen nichts wissen. Zur Anerkennung eines rechtmäßigen Vertrags bedarf es einer Entschädigung. Nun, und worin bestand diese Entschädigung? Bis jetzt lag der Vorteil ganz auf Seiten des Pollinctor, der für seine Dienste reichlich bezahlt wurde, während der edle, großmütige Doktor leer ausging. Als Gegenleistung hatte der Pollinctor die Binden, die er bei seiner beruflichen Tätigkeit gelegentlich den Leichen zu entwenden vermochte, dem Arzt als Wundverbände für dessen Patienten gratis zu liefern.

Der Fall liegt also klar auf der Hand: Ein so ganz auf dem Prinzip der Gegenseitigkeit aufgebautes Geschäftsabkommen musste von Bestand sein. Unmöglich konnte der Doktor, den wir wohl für einen Chirurgen halten müssen, alle seine Patienten umbringen: Einige mussten notgedrungenerweise verschont bleiben. Für diese brauchte er leinene Bandagen. Nun trugen die Römer aber leider Wolle, weshalb sie auch so häufig badeten. Es gab allerdings Leinwand in Rom zu kaufen, jedoch zu unerschwinglichen Preisen. Daher konnte der Wundarzt die leinenen Wickelbinden, mit welchen, abergläubischer Vorschrift nach, die Leichen umwickelt wurden, vorzüglich gebrauchen. Aus diesem Grunde verpflichtete sich der Doktor zu fortlaufenden Lieferungen von Leichen an seinen Freund, – vorausgesetzt, dass dieser ihm die Hälfte des von den Angehörigen der Ermordeten gelieferten Verbandmaterials überließ. Der Doktor empfahl unentwegt seinen unschätzbaren Freund, den Pollinctor (den wir den Unternehmer nennen wollen), während dieser, im Hinblick auf die geheiligten Rechte der Freundschaft, mit gleicher Beharrlichkeit den Doktor empfahl. Gleich Orestes und Pylades waren sie leuchtende Vorbilder idealer Freundschaft, und wir wollen hoffen, dass ihre Eintracht, wie im Leben, so auch am Galgen, Bestand hatte. Ich könnte mich totlachen, meine Herren, wenn ich mir vorstelle, wie die beiden ihre Leistungen verbuchten: »Pollinctor in Abrechnung mit Doktor: Soll für sechzehn Leichen, Kredit für fünfundvierzig Bandagen, wovon zwei beschädigt.«

Leider kennen wir die Namen[67] der beiden Ehrenmänner nicht, doch möchte ich beinahe glauben, sie müssten Quintus Burkius und Publius Harius geheißen haben.

Da fällt mir übrigens ein, hat vielleicht jemand kürzlich etwas von Hare gehört, meine Herren? Meines Wissens hat er sich ganz gemütlich in Irland, recht weit im Westen, zur Ruhe gesetzt und schließt dort ab und zu ein kleines Geschäft ab, doch nur ganz bescheiden *en detail*, wie er seufzend zu bemerken pflegt – nichts im Vergleich zu dem blühenden, so leichtsinnig aufgegebenen Großhandel in Edinburgh. »Da sieht man, was dabei herauskommt, wenn man sein Geschäft vernachlässigt – « das ist die Hauptlehre, die Hare aus seinen Erfahrungen zieht.[68]

Schließlich stieg der Toast des Tages – auf das Thugtum in allen Varianten. Wie viel Anläufe zu Reden auf diesem Höhepunkt des Festessens genommen wurden, lässt sich in Zahlen nicht wiedergeben. Auch machten mir der donnernde Beifall, die rauschende Musik und das Klirren zerbrochener Gläser, die in dem allseitigen Bestreben, keinen Toast aus demselben Glas wie zuvor zu trinken, unermüdlich zerschmettert wurden, ein gewissenhaftes Registrieren unmöglich. Außerdem war »Unke« nun nicht mehr zu bändigen. Er feuerte seine Pistole in alle Windrichtungen ab, schickte seinen Diener nach einem alten Schießprügel von Hakenbüchse und faselte von Kugelpatronen. Kurzum, entweder war bei der Erwähnung von Burke und Hare der Wahnsinn wieder bei ihm ausgebrochen, oder er hoffte, in einer erneuten Anwandlung von Lebensmüdigkeit, durch ein allgemeines Blutbad umzukommen.

Da wir dies unmöglich zulassen konnten, blieb uns nichts anderes übrig, als ihn an die Luft zu setzen, was wir dann auch, ungeachtet unseres Mitleids für seine grauen Haare und sein

Über den Mord | 67

engelhaftes Lächeln, mit vereinten Kräften, sozusagen *uno pede* taten. Während dieses Gewaltaktes intonierte die Musik den bekannten Chor, und die ganze Gesellschaft – selbst »Unke« fiel zu unserem größten Erstaunen mit Feuereifer ein – stimmte dröhnend an:

> *»Et interrogatum est ab omnibus:*
> *Ubi est ille Toad-in-the-hole?*
> *Et responsum est ab omnibus:*
> *Non est inventus.«*

DRITTER TEIL

Nachschrift vom Jahre 1854
nebst einem Bericht über Williams'
und M'Keans Morde [69]

Leser von jener grämlichen und mürrischen Sorte, die nicht in aufrichtiger Mitfreude an einer fröhlichen Stimmung teilnehmen können, besonders aber, wenn diese Fröhlichkeit ein wenig in das Gebiet des Außergewöhnlichen hinüberschweift, sind unmöglich zu befriedigen. In solchem Falle heißt: Nicht mitempfinden = Nichtverstehen, und der Scherz, der keinen Anklang findet, wird flach und albern oder ganz sinnlos. Glücklicherweise bleibt mir, nachdem alle diese stumpfsinnigen Philister sich voll höchsten Missfallen aus meinem Leserkreis zurückgezogen haben, noch eine große Anzahl solcher, die unverhohlen eingestehen, welches Vergnügen ihnen meine kleine Schrift [70] bereitet hat, wobei sie durch eine leichte Dosis Kritik die Aufrichtigkeit ihres Lobes beweisen. Wiederholt haben sie mir zu verstehen gegeben, dass die deutlich beabsichtigte Übertreibung, obgleich diese ein wesentliches Element der Scherzhaftigkeit des Sujets ist, vielleicht doch etwas weit gehe. Ich selbst bin nicht dieser Ansicht und bitte die freundlichen Kritiker, doch zu bedenken, dass es ja gerade der von mir angestrebte Zweck dieses bescheidenen Schriftchens ist, am Abgrunde des Entsetzens zu weiden und alles das zu karikieren, was in Wirklichkeit im höchsten Grade abstoßend wirken würde. Das Übermaß des Absonderlichen dient, indem es dem Leser beständig die Nichtigkeit der ganzen Betrachtung vor Augen führt, als sicherstes Mittel dazu, ihm das Gefühl des Grauens zu nehmen, das sich sonst seiner bemächtigen würde. Ich erinnere diejenigen, die Einspruch dagegen erheben, nur an den Vorschlag des berühmten Dekans Swift, die überflüssigen Kinder der drei Königreiche, die damals in den Findelhäusern von Dublin und London untergebracht waren, zu kochen und zu verzehren. Dies war eine weit kühnere und in ihrer praktischen Auffassung viel derbere Ausschreitung als die meine, und doch erweckte sie, selbst bei Würdenträgern der bedeutendsten irischen Kirche, keinen Tadel. Ihre Ungeheuerlichkeit war eben ihre Entschuldigung. Die krasse Übertreibung verlieh dem kleinen *jeu d'esprit* einen Freibrief, genau so wie die baren Unmöglichkeiten aus Liliput, Laputa, den Yahoos usw. jenen Fantasiegebilden Berechtigung verliehen.[71] Wenn also irgendjemand sich bemüßigt fühlt, gegen so eine schillernde Seifenblase wie jene Vorlesung über die Ästhetik des Mordes zu Felde zu ziehen, verschanze ich mich augenblicklich hinter dem telamonischen Schilde des Dekans. In Wirklichkeit aber – und dies ist (um der Wahrheit die Ehre zu geben) einer der Gründe, weshalb ich den Leser noch mit einer Nachschrift behellige – bedarf mein kleines Schriftstück wohl einer besonderen Entschuldigung für seine Extravaganzen, wie sie dasjenige Swifts durchaus nicht nötig hat.

Niemand kann behaupten, dass in der Menschheit der natürliche Hang schlummere, Säuglinge als Volksnahrungsmittel zu betrachten. Unter allen denkbaren Umständen würde dies stets als schwerste Form von Kannibalismus, noch dazu an den Hilflosesten des Menschengeschlechts verübt, aufgefasst werden. Andererseits aber ist die Neigung zu kritischer oder ästhetischer Beurteilung von Feuersbrünsten oder Morden allgemein verbreitet. Wenn wir dem Schauspiel eines großen Brandes beiwohnen, so ist zweifellos unser erster Antrieb: Löschen, um zu helfen. Allein das Gebiet dieser Tätigkeit ist sehr eng begrenzt und wird bald durch beruflich geübte und für ihren Dienst wohl ausgerüstete Leute in Anspruch genommen. Zerstört das Feuer Privateigentum, so verhindern anfangs Mitleid und Nächstenliebe, das Vorkommnis als ein Schauspiel aufzufassen. Wenn sich das Feuer jedoch auf öffentliche Gebäude erstreckt, betrachten wir die Sache, nachdem wir dem Unglück den schuldigen Tribut des Bedauerns gezollt haben, ganz ungeniert als Bühnenstück. Ausrufe des Entzückens wie »Großartig! Wundervoll!« ertönen aus der Zuschauermenge.

Als zum Beispiel im ersten Dezennium dieses Jahrhunderts[72] das Drury-Lane-Theater abbrannte, wurde der Einsturz des Daches durch den mimischen Selbstmord des die Kuppel krönenden Apollo angekündigt. Mit der Lyra im Arm schien der Gott in die Glut hinabzublicken, die bedrohlich näher rückte. Plötzlich gaben die stürzenden Balken unter ihm nach; es sah aus, als höben die aufzuckenden Flammenwogen die Statue in die Höhe, und dann hatte es den Anschein, als ob der thronende Gott nicht fiel, sondern in seiner Verzweiflung sich freiwillig kopfüber in das Feuermeer stürzte. Was war die Folge? Von allen nahe gelegenen Brücken und freien Plätzen, die einen Ausblick auf das Schauspiel gewährten, erhoben sich andauernde, lärmende Kundgebungen der Bewunderung und Teilnahme.

Einige Jahre vor diesem Ereignis brach ein ungeheurer Brand in Liverpool aus: Der Goree, ein mächtiger Speicher in der Nähe des Docks, brannte bis auf den Grund nieder. Das riesige, acht oder neun Stockwerke hohe Gebäude war bis ans Dach fast ausschließlich mit brennbaren Gütern voll gestopft. Viele tausend Ballen Baumwolle, Tausende von Zentnern Weizen und Hafer, Teer, Terpentin, Rum, Schießpulver und dergleichen nährten während vieler Nachtstunden die Wut des gewaltigen Elementes. Um das Unheil noch zu vergrößern, blies ein regelrechter Weststurm – für die Schifffahrt war er allerdings ein Glück – landeinwärts. Bis zu dem achtzehn Meilen in östlicher Richtung entfernt gelegenen Warrington trug der Wind den sprühenden Funkenregen glühender, oft noch mit Rum getränkter Baumwollflocken, die gleich Milliarden von Sternen das Firmament erhellten. Alles Vieh, das im Umkreise von achtzehn Meilen im Freien nächtigte, wurde in Furcht und Schrecken versetzt, während die Menschen in dem wirbelnden Funkengestöber hoch über ihnen natürlich die Boten einer ungeheuren Katastrophe ahnten, die in Liverpool vor sich gehen musste. Trotz der allgemeinen Klage, die sich darüber erhob, konnte das Bedauern die spontanen Ausbrüche entzückter Bewunderung beim Anblick jener vielfarbigen Feuergarben, die auf den Schwingen des Orkans bald am freien Himmel, bald an dunklen Wolken vorüberbrausten, nicht unterdrücken. Die gleiche Einstellung hat im Allgemeinen die große Menge gegenüber Mordtaten. Nachdem die erste Aufwallung des Mitleids mit den Opfern vorüber ist, und etwaige persönliche Interessen sich mit der Zeit beruhigt haben, werden die szenischen Eigenschaften der Morde (die man in ästhetischem Sinne relative Vorzüge nennen könnte) rezensiert und gegeneinander abgewogen. Man vergleicht die einzelnen Morde und würdigt die verschiedenen Momente, die den einen vor dem andern auszeichnen; zum Beispiel Plötzlichkeit der Überrumpelung, den Schleier des Geheimnisvollen usw. Meine Tollheiten finden daher ihre Entschuldigung in den unveränderlichen, angeborenen Neigungen der menschlichen Natur, während wohl niemand behaupten wird, dass Swift einen ähnlichen Milderungsgrund für sich in Anspruch nehmen könnte.

Dieser wichtige Unterschied zwischen mir und dem Dekan bildet den einen Grund zur Abfassung vorliegender Nachschrift. Die zweite Veranlassung ist die, den Leser ausführlich mit drei denkwürdigen, schon vor langer Zeit von den Kunstliebhabern besonders gewürdigten Mordfällen, und zwar mit den beiden ersten, den unsterblichen Williamsmorden vom Jahre 1812[73], bekannt zu machen. Die Tat und der Täter sind, einzeln betrachtet, hochinteressant, und da seit 1812 bereits zweiundvierzig Jahre verflossen sind, lässt sich kaum annehmen, dass die jetzige Generation über beide gründlich unterrichtet ist.

*

Die Annalen der ganzen christlichen Zeitrechnung verzeichnen keinen Fall, in dem ein einzelnes, machtbegabtes Individuum der Menschheit einen derartigen Schrecken eingeflößt hätte wie John Williams durch jene Mordserie im Winter 1812, als er innerhalb kürzester Frist zwei Familien vollständig ausrottete und dadurch unter allen Abkömmlingen Kains den ersten Platz eroberte. Die wahnsinnige Aufregung, die während der folgenden Wochen das Publikum beherrschte – der Sturm der Entrüstung bei den einen, die unsinnige Angst bei den andern – lässt sich unmöglich schildern.

Als während der nächsten zwölf Tage das grundlose Gerücht auftauchte, der unbekannte Mörder habe London verlassen, verbreitete sich die Panik, von der die riesige Metropole ergriffen war, über die ganze Insel. Ich befand mich zu jener Zeit dreihundert Meilen von London entfernt, und auch dort, wie überall, war die Angst unbeschreiblich. Meine nächste Nachbarin, eine mir persönlich bekannte Dame, die in Abwesenheit ihres Gatten nur mit ein paar Dienstboten in einem abgelegenen Haus wohnte, ruhte nicht eher, als bis sie – wie ich später mit eigenen Augen sah – ihr Schlafzimmer durch achtzehn, mit schweren Riegeln, Eisenstangen und Ketten versehene Türen gegen jeden menschlichen Eindringling gesichert hatte. Sie auch nur in ihrem Wohnzimmer aufzusuchen, war schon mit ähnlichen Schwierigkeiten verknüpft wie der Gang eines Parlamentärs in eine belagerte Festung, denn alle sechs Schritte befand man sich vor einer Art Fallgatter.

Doch nicht allein die Reichen wurden von dieser Panik ergriffen. Mehr als eine Frau aus den unteren Volksschichten starb auf der Stelle vor Schreck, weil sie irgendeinen Landstreicher, der es wahrscheinlich nur auf einen Diebstahl abgesehen hatte, bei verdächtigen Einschleichversuchen ertappte und, durch Zeitungsberichte aufgeregt, in ihm den berüchtigten Londoner Mörder zu sehen glaubte.

Inzwischen weilte dieser einzigartige Künstler, dessen alleinige Beschäftigung und Einnahmequelle, wie später bekannt wurde, der Mord bildete, getragen vom Bewusstsein seiner Größe, wie ein Privat-Attila, eine »Gottesgeißel« der Familien,

Die Williams-Morde | 75

ruhig in London und bereitete in aller Stille ein wirkungsvolles Dementi der Zeitungsberichte vor. Am zwölften Tage nach seiner Mord-Premiere widerlegte er alle diejenigen, die ihm abgeschmackterweise Neigung für das Landleben zutrauten, und bewies seine Anwesenheit in London dadurch, dass er eine zweite Familie ausrottete.

Die Provinz atmete jetzt ein wenig auf, denn nun wusste man ja bestimmt, dass der Mörder sich nicht herabgelassen hatte, auf dem Land unterzukriechen oder aus Gründen der Vorsicht die für immer an den Ufern der Themse aufgeschlagene, hauptstädtische *castra stativa* ungeheuerlicher Verbrechen auch nur für kurze Zeit zu verlassen. Es steht also fest, dass der große Künstler provinziellen Ruhm verschmähte. Ihm muss das Missverhältnis zwischen einem kleinen Landstädtchen oder gar einem Dorf und seinem gewaltigen Werk, einem Mord, der den Stempel seiner Machart trug, doch gar zu lächerlich vorgekommen sein.

Coleridge, den ich einige Monate nach diesen schrecklichen Ereignissen sprach, erzählte mir, dass er von der alles beherrschenden Panik nicht ergriffen worden wäre, obwohl er sich damals gerade in London aufhielt. Als Philosoph grübelte er nur über die ungeheure Gewalt nach, die sich in einem furchtlosen, jeden Gewissenszwang abwerfenden Menschen verkörpert. Wenn Coleridge den öffentlichen Angstzustand auch nicht teilte, so fand er ihn doch ganz natürlich und leicht erklärlich. Wie er richtig sagte, bestehen Tausende von Haushaltungen in der Riesenstadt nur aus Frauen und Kindern; Tausende von anderen vertrauen ihre Sicherheit in langen Abendstunden der Besonnenheit eines jungen Dienstmädchens an, und wenn diese sich durch die Vorspiegelung einer Botschaft von ihrer Mutter, Schwester oder ihrem Schatz verleiten lässt, die Tür zu öffnen, so richtet sie im Augenblick die Sicherheit des ganzen Hauses zugrunde. Zu jener Zeit und noch viele Monate später war es allgemein üblich, die Sicherheitskette vor die Tür zu legen, ehe man sie öffnete, eine Gewohnheit, die den von Mr. Williams hinterlassenen tiefen Eindruck bekundete. Ich will noch erwähnen, dass auch Southey in diesem Falle mit der Allgemeinheit fühlte. Denn ein oder zwei Wochen nach dem ersten Mord bezeichnete er ihn mir gegenüber als eine Begebenheit aus dem Privatleben, die sich zum Range eines nationalen Ereignisses erhöbe.[74]

Nachdem ich den Leser nun so weit vorbereitet habe, dass er die ganze Bedeutung dieser grausigen Massenmorde zu würdigen vermag, will ich auf die Einzelheiten eingehen, da ich annehme, dass sich aus der heutigen Generation kaum jemand jenes denkwürdigen Falles aus einer zweiundvierzig Jahre zurückliegenden Ära genau entsinnen wird.

Zunächst ein paar Worte über den Tatort: Ratcliffe Highway ist eine Durchgangsstraße in einer höchst chaotischen Stadtgegend des Ostens oder Hafenviertels von London. Zu jener Zeit (das heißt im Jahre 1812), als außer der für ihre besonderen Zwecke großartigen, aber für den allgemeinen Sicherheitsdienst ganz unzulänglichen Detektiv-Polizei der Bow Street noch keine ordentliche Polizei existierte, war es ein höchst gefährliches Viertel. Fast jedem dritten Menschen, dem man begegnete, sah man auf den ersten Blick den Ausländer an. Auf Schritt und Tritt traf man Laskaren, Chinesen, Mulatten und Neger. Abgesehen von all der Schurkerei, die sich unter den verschiedenen Kopfbedeckungen und Turbanen jener Fremdlinge verbirgt, von deren Vergangenheit kein Europäer auch nur die leiseste Ahnung hat, ist es allgemein bekannt, dass auch die christliche Marine (in Kriegszeiten besonders die Handelsmarine) ein sicherer Unterschlupf für alle Mörder und sonstigen Verbrecher ist, die triftige Gründe haben, sich für eine Weile der Öffentlichkeit zu entziehen. Allerdings eignen sich von jener Sorte die wenigsten zu »tüchtigen« Seeleuten. Doch zu allen Zeiten und hauptsächlich im Kriege besteht nur ein kleiner Teil (oder nucleus) jeder Schiffsmannschaft aus Berufsmatrosen; die Mehrzahl setzt sich aus unerfahrenen Landratten zusammen.

John Williams, der gelegentlich als Matrose an Bord verschiedener Indienfahrer gedient hatte, war vermutlich von Hause aus eine echte Teerjacke, alles in allem aber sicherlich ein sehr geschickter Mensch, dem es in unvorhergesehenen Schwierigkeiten nie an Hilfsmitteln gebrach und der sich allen Veränderungen des sozialen Lebens anzupassen verstand. Williams war ein Mann von mittelgroßer Statur(fünf Fuß siebeneinhalb bis fünf Fuß acht Zoll groß), schlank, fast mager, dabei aber sehnig und ziemlich muskulös, ohne alles überflüssige Fett.

Eine Dame, die ihn beim Verhör (ich glaube, auf dem Themse-Polizeibüro) zu Gesicht bekam, versicherte mir, dass sein Haar eine höchst auffallende, gelblich-rötliche Farbe hatte. Williams war in Indien gewesen, zwar hauptsächlich in Bengalen und Madras, doch hatte er sich auch am Indus aufgehalten. Da bekanntlich im Pandschab die Pferde oft rot, blau, grün und purpurn angemalt werden, kam mir der Gedanke, dass Williams vielleicht zu Verkleidungszwecken zu diesen in Scinde und Lahore üblichen Bräuchen eine Nutzanwendung gezogen haben mochte und die geschilderte Haarfarbe gar nicht seine natürliche sei. Im Übrigen war, nach einem Gipsabguss zu schließen, den ich in London kaufte, sein Äußeres durchaus normal und, was seine Gesichtszüge anbelangt, geradezu gewöhnlich. Etwas jedoch war auffallend und passte merkwürdig gut zu seiner angeborenen Tigernatur: Sein Gesicht zeigte stets eine geisterhafte, blutleere Blässe. »Man könnte glauben, in seinen Adern ränne nicht rotes Lebensblut, das im Aufwallen der Scham, des Zornes oder des Mitleids die Wange röter färbt, sondern ein grünlicher Saft, der aus keinem Menschenherzen quillt«, versicherte mir jene Dame. Sein Blick war glasig und er stierte als ob er irgendein ferneres Opfer belauere.

So abstoßend seine Erscheinung aber auch gewesen sein mag, muss er es, der Aussage vieler Konkurrenten und der stummen Beweiskraft der Tatsache nach, doch verstanden haben, durch glattes, einschmeichelndes Benehmen bei unerfahrenen weiblichen Wesen in Gunst zu setzen, trotz seiner unheimlichen, geisterhaften Physiognomie. Ein vielumworbenes

Mädchen, das Williams unzweifelhaft zu ermorden beabsichtigte, bezeugte, dass er sie einmal unter vier Augen gefragt habe: »Was würden Sie sagen, Miss R., wenn ich um Mitternacht, mit einem Tranchiermesser bewaffnet, neben Ihrem Bette stände?« Und das vertrauensselige junge Mädchen antwortete: »Wenn es ein anderer wäre, Mr. Williams, würde ich vor Entsetzen außer mir sein. Doch sobald ich *Ihre* Stimme hörte, wäre ich ganz beruhigt.« Armes Ding! Hätte Mr. Williams diese Mordskizze ausgearbeitet, so würde ein gewisser Blick in dem leichenhaften Gesicht, ein gewisser Klang in der unheilvollen Stimme ihre Ruhe auf ewig zerstört haben. Und doch konnte Mr. John Williams nur nach solchen schrecklichen Taten entlarvt werden.

Es war an einem Dezembersonnabend[75], als Mr. Williams, von dem wir annehmen dürfen, dass er seinen »ersten Versuch« längst hinter sich hatte, durch die wimmelnden Straßen seinem Ziel zustrebte. Bei ihm heißt es: »Gesagt, getan!« Und heute Abend, hatte er sich im Stillen gesagt, sei die Stunde gekommen, ein bereits im Umriss angelegtes Werk auszuführen, das im Falle des Gelingens am folgenden Tage das ganze gewaltige London vom Mittelpunkt bis zum äußersten Umkreis in Schrecken und Bestürzung versetzen müsste. Später entsann man sich, dass er zu diesem geheimnisvollen Unternehmen seine Wohnung gegen elf Uhr abends verlassen hatte, nicht etwa, um schon so früh ans Werk zu gehen, sondern um vorher die Gelegenheit auszukundschaften. Sein Handwerkszeug hatte er fest unter den Mantel geknöpft. In Übereinstimmung mit der Verschlagenheit seines Charakters und der vornehmen Abneigung gegen Rohheit, zeichnete sich sein Benehmen durch auserlesene Verbindlichkeit aus. Das Herz des Tigers verbarg sich unter einschmeichelndem, schlangenglattem Wesen. Alle seine Bekannten bezeichneten seine Heuchelei als so vollendet, dass er sicherlich beim Passieren der, wie gewöhnlich am Sonnabend in den ärmeren Stadtteilen, überfüllten Straßen jeden auf das höflichste um Entschuldigung gebeten hätte, den er im Gedränge versehentlich anstieß. Während sein teuflisches Herz die schwärzesten Pläne ausbrütete, wäre er auf seinem Wege stehen geblieben, um in den liebenswürdigsten Worten die Hoffnung auszudrücken, dass der zu einem gewissen, neunzig Minuten später ausgeführten Geschäft unter dem eleganten Überzieher verborgenen Hammer dem Fremden, mit dem er zusammengestoßen war, auch wirklich nicht wehgetan habe. Ich glaube, Tizian, ganz gewiss aber auch Rubens und vielleicht auch Van Dyck pflegten ihre Kunst stets nur in tadellosem Anzuge, mit Spitzenkrause, Perücke und diamantenfunkelndem Degen auszuüben. Wir haben guten Grund anzunehmen, dass auch Mr. Williams, als er sich zu seinem großartigen Massenmord aufmachte, schwarzseidene Strümpfe und Schnallenschuhe wählte. Auch würde er seine Künstlerehre keinesfalls so weit herabgesetzt haben, dass er bei seiner Arbeit einen Morgenanzug getragen hätte. Dem einzigen Menschen, der, wie der Leser später erfahren wird, in zitternder Todesangst von einem verborgenen Schlupfwinkel aus gezwungenermaßen dem zweiten großen Werk und seinen Abscheulichkeiten als Zuschauer beiwohnen musste, fiel es besonders auf, dass Mr. Williams einen langen blauen, mit Seide gefütterten Rock aus feinstem Tuche trug. In den Anekdoten, die über ihn im Schwange waren, wird gleichzeitig erwähnt, dass Mr. Williams den besten Zahnarzt und den besten Hühneraugenoperateur mit seiner Kundschaft beehrte. Minderwertigen Kräften wandte er seine Gunst unter keiner Bedingung zu, und man könnte ihn unter den Künstlern, die jener gefährlichen Richtung huldigten, zweifellos als den aristokratischsten und wählerischsten bezeichnen.

Doch wer war das Opfer, zu dessen Behausung er eilte? Denn sicherlich war er doch nicht so leichtfertig, auf irgendeine beliebige Person zu warten, die ihm der Zufall in den Weg führen sollte? Oh nein! Er hatte sich schon lange ein passendes Opfer ausgesucht, nämlich einen alten, sehr intimen Freund. Allem Anschein nach war er der Meinung, dass eine befreundete Person sich am besten zur Ermordung eigne oder in Ermangelung eines Freundes, über den man ja doch nicht immer verfügt, ein guter Bekannter, der bei der ersten Annäherung des Mörders keinen Argwohn hegt, während ein Fremder leicht Verdacht schöpfen und aus den Gesichtszügen des Mörders eine Warnung auf der Hut zu sein herauslesen könnte. Im vorliegenden Falle vereinte das auserkorene Opfer alle erforderlichen Eigenschaften in sich: Es war ursprünglich ein Freund gewesen, der sich später aus triftigen Gründen in einen Feind verwandelt hatte, obgleich, wie viele meinten, die Gefühle, die einst den Anlass zu freundschaftlichen oder feindlichen Beziehungen gegeben hatten, wahrscheinlich längst vergessen waren.

Der Unglückliche, der, ob nun als Freund oder Feind, zum Gegenstand der sonnabendlichen Glanzleistung ausersehen war, hieß Marr, und ein Gerücht, das nie amtlich widerlegt worden ist, wollte wissen, die beiden wären vor Jahren auf demselben Indienfahrer nach Kalkutta gesegelt und hätten auf hoher See einen Streit miteinander gehabt. Einer anderen Lesart zufolge war dieser Streit erst nach ihrer Rückkehr ausgebrochen und zwar um die spätere Mrs. Marr, eine bildhübsche junge Frau, um deren Gunst sich damals beide in erbitterter Nebenbuhlerschaft bewarben. Einige Begleitumstände des Mòrdes geben dieser Geschichte einen Anstrich von Wahrscheinlichkeit. Andererseits aber hat sich schon öfter jemand aus reiner Gutherzigkeit, weil er bei einem nicht genügend aufgeklärten Morde nicht an einen gemeinen Beweggrund glauben wollte, eine nachträglich vom Publikum bestätigte Geschichte ausgedacht, wonach der Mörder unter irgendeinem edleren Gesichtspunkte handelte. In diesem Fall begrüßte das Publikum, das sich von dem Gedanken abgestoßen fühlte, Williams habe lediglich aus Gewinnsucht eine so vielgestaltige Tragödie in Szene gesetzt, mit Freuden jene Erzählung, die ihn als einen, von tödlichem Hasses gegen den glücklichen Rivalen beseelten verschmähten Liebhaber darstellte. Bleibt auch der Fall einigermaßen zweifelhaft, so besteht doch immerhin die Wahrscheinlichkeit, dass Mrs. Marr tatsächlich die wahre Ursache, die *causa teterrima* der Fehde zwischen den beiden Männern gewesen ist.

Inzwischen sind die Minuten gezählt, bald ist der Sand in dem Stundenglase, das die Dauer dieser Fehde auf Erden abmisst, ausgelaufen, noch in dieser Nacht soll sie ihr Ende erreichen. Morgen ist der Tag, den man in England »Sonntag« nennt, in Schottland mit dem hebräischen Namen »Sabbath« bezeichnet. Für beide Völkerschaften aber hat der Tag dieselbe Bedeutung: Er ist ein Tag der Ruhe. Es steht geschrieben, dass er auch dir, Marr, ein Tag der Ruhe werden soll. Du selbst, dein ganzer Haushalt, ja auch der Fremde, der sich innerhalb deiner Mauern befindet, ihr werdet Ruhe finden, die Ruhe jenseits des Grabes; denn auf dieser Welt habt ihr zum letzten Mal euer Auge im Schlummer geschlossen.

Keine strengen und pedantischen Religionsvorschriften, wie die der Juden, ordneten einen genauen Beginn und Schluss der Sonntagsruhe an. Im schlimmsten Falle erstreckte sich der Sonntag von ein Uhr morgens des einen bis acht Uhr morgens des folgenden Tages, also über einen Zeitraum von einunddreißig Stunden, der sicherlich allen Ansprüchen genügen dürfte. Marr hätte sich an diesem speziellen Sonnabend gern mit einem Feiertage von kürzerer Dauer begnügt, wenn er nur schneller herbeigekommen wäre; denn seit sechzehn Stunden mühte er sich ununterbrochen hinter dem Ladentisch ab. Er betrieb nämlich einen Handel mit Strumpfwaren und hatte in die Einrichtung seines kleinen Ladens die Summe von 180 Pfund gesteckt. Wie alle Kaufleute kämpfte er mit Schwierigkeiten, denn obwohl er erst kürzlich das Geschäft eröffnet hatte, quälten ihn bereits böse Schulden; auch Rechnungen, die er voraussichtlich nicht durch entsprechenden Absatz würde regeln können, wurden demnächst fällig. Doch der kräftige, rotbäckige siebenundzwanzigjährige Mann war von Natur aus sanguinisch veranlagt. Wenn auch hinsichtlich seiner kaufmännischen Zukunft in gewissem Grade beunruhigt, bewahrte er doch seine Heiterkeit und freute sich jetzt schon im Voraus darauf (ach, leider umsonst), wenigstens für diese und für die folgende Nacht die Sorgen zu vergessen und das müde Haupt am Herzen seiner liebreizenden jungen Weibes ausruhen zu können.

Der Hausstand Marrs bestand aus folgenden fünf Personen: Zunächst er selbst, der, falls er auch geschäftlich ruiniert worden wäre, doch stets genug Energie entwickelt hätte, um sich, wie eine Flammengarbe, auch über wiederholte Schicksalsschläge immer wieder aufs Neue emporzuschwingen. Jawohl, armer Marr, so käme es offenbar, wenn deiner angeborenen Energie nichts hindernd in den Weg träte. Doch in diesem Augenblicke schon steht auf der anderen Seite der Straße ein höllischer Schurke, der allen deinen lockenden Zukunftsaussichten ein gebieterisches Nein entgegensetzt. Das zweite Mitglied des Haushalts ist Marrs hübsches, liebenswürdiges Weib, das nach Art sehr junger Frauen – sie ist erst zweiundzwanzig Jahre alt – außerordentlich glücklich und, wenn überhaupt, nur um ihren Liebling besorgt ist. Denn drittens ruht in der, von der jungen Mutter ab und zu in schaukelnde Bewegung versetzten Wiege, die in einer mollig warmen, etwa neun Fuß unter dem Straßenniveau liegenden Küche steht, ein acht Monate altes Kind, der erstgeborene Sprössling ihrer vor neunzehn Monaten geschlossenen Ehe. Trauert nicht darüber, dass dieses Kind die tiefe Sabbatruhe im Jenseits genießen muss; weshalb sollte sich eine Waise, die der Eltern beraubt, bitterster Armut anheim gefallen wäre, in einer feindlichen, mörderischen Welt herumstoßen? Die vierte Person des Hausstands war der Lehrling, ein stämmiger dreizehnjähriger und – wie alle Devonshirer Burschen[76] – auch recht hübscher Junge, der mit seiner Stelle sehr zufrieden war, nicht überanstrengt war und freundlich behandelt wurde, was er dankbar anerkannte. Fünftens und letztens vervollständigte ein erwachsenes Dienstmädchen diesen friedlichen Haushalt. Da es sehr gutherzig war, nahm es seiner Herrin gegenüber, wie es in anspruchslosen Familien öfter vorkommt, eine Art schwesterliche Stellung ein.

In der britischen Gesellschaft hat sich seit zwanzig Jahren eine große demokratische Wandlung vollzogen. Eine Unmenge von Personen schämt sich, von »ihrem Herrn« oder »ihrer Herrin« zu sprechen; diese Bezeichnung wird allmählich durch »mein Arbeitgeber« ersetzt. In den Vereinigten Staaten verursacht dieser Ausdruck demokratischen Hochmuts, obgleich er als zwecklose Betonung einer Unabhängigkeit, die niemand anzweifelt, unangenehm berührt, keine schädliche Wirkung. Denn die häuslichen »Stützen« befinden sich ziemlich allgemein in einem Stadium sicheren und schnellen Übergangs zu der Leitung eines eigenen Haushalts, sodass sie tatsächlich nur ein Verhältnis ableugnen, das sich ohnehin in ein oder zwei Jahren auflöst. Doch in England, wo es keine derartigen unversieglichen Hilfsquellen gibt, wirkt der Sinn dieser Änderung peinlich, da die Befreiung von einem Joch, das in jedem Falle leicht und in vielen Fällen ein segensreiches war, mit überflüssiger Schärfe betont. Bei einer andern Gelegenheit will ich an Beispielen erläutern, was ich meine.

In Mrs. Marrs Dienst wurde anscheinend der oben erwähnte Grundsatz in die Praxis übertragen. Mary, das Dienstmädchen, empfand eine aufrichtige, ungeheuchelte Hochachtung vor ihrer Herrin, die sie unermüdlich mit häuslichen Pflichten beschäftigt sah, und die trotz ihrer großen Jugend nie die Gebieterin herauskehrte noch ihre Autorität in launenhafter Art missbrauchte. Sämtliche Nachbarn bezeugten, dass sie ihrer Herrin stets mit unaufdringlicher Ehrerbietung entgegenkam und sich dabei ereiferte, ihr, wo es irgend möglich war, die Mutterpflichten mit der fröhlichen Willigkeit einer Schwester zu erleichtern. Diesem jungen Mädchen nun rief Marr ein paar Minuten vor Mitternacht von den obersten Stufen der Treppe aus den Auftrag zu, noch schnell einige Austern zum Abendessen einzuholen. Was können geringfügige Zufälle im Menschenleben oft für ernste, einschneidende Folgen haben! Der im Laden beschäftigte Marr und seine Frau, die eine kleine Unpässlichkeit ihres Kindes in Anspruch nahm, hatten beide nicht an das Abendessen gedacht. Bei der vorgerückten Stunde konnte die Auswahl nur gering sein, und Austern waren nach Mitternacht wohl noch am ehes-

84 | Dritter Teil

ten zu haben. An diesem unbedeutenden Umstand hing Marys Leben. Wäre sie wie gewöhnlich um zehn oder elf Uhr zu Einkäufen ausgeschickt worden, so hätte sie, das einzige Mitglied des Hauses, das der Vernichtung entging, sicherlich das Schicksal der anderen geteilt.

Da die Zeit drängte, eilte Mary, nachdem sie von Marr Geld bekommen, mit einem Korbe in der Hand barhäuptig aus dem Laden. Später erinnerte sie sich mit Grausen daran, dass sie beim Heraustreten aus der Ladentür auf der gegenüberliegenden Seite der Straße im Laternenschein die Gestalt eines stillstehenden Mannes gesehen habe, der jedoch im nächsten Augenblick weiterging. Es war Williams, wie ein kleiner, vorher oder gleich nachher eingetretener Zwischenfall bewies, dessen genauer Zeitpunkt nicht mehr festzustellen ist. Wenn man in Betracht zieht, dass die Zeit zur Ausführung ihres Auftrags sehr knapp bemessen war, muss man daraus schließen, dass die Bewegungen des Unbekannten in Mary eine dunkle Beunruhigung weckten, sonst wären sie ihr bei der unter diesen Umständen gebotenen Hast und Überstürzung wohl überhaupt kaum aufgefallen. Über das, was ihr halb unbewusst durch den Sinn ging, äußerste sie sich später folgendermaßen: Trotz der Dunkelheit, in der sie weder die Gesichtszüge des Mannes erkannte, noch die Richtung seines Blicks wahrnehmen konnte, fiel es ihr doch auf, dass er seiner Haltung nach Nr. 29 ins Auge gefasst haben musste.

Der kleine, Marys Annahme bekräftigende Zwischenfall, auf den ich vorhin anspielte, bezog sich darauf, dass der Nachtwächter kurz vor Mitternacht ebenfalls jenen Fremden bemerkt hatte. Er beobachtete ihn dabei, wie er andauernd durch das Fenster in Marrs Laden spähte, was ihm samt dem Äußern des Menschen so verdächtig erschien, dass er hineinging und Marr seine Wahrnehmungen mitteilte. Diese Aussage machte er später vor Gericht, wobei er hinzufügte, Marr habe ihn gebeten, ihm beim Schließen der Läden behilflich zu sein, als er ein paar Minuten nach Mitternacht (wahrscheinlich acht bis zehn Mi-

Die Williams-Morde | **85**

nuten nach Marys Weggang) auf seiner halbstündigen Runde zurückkehrte. Hierbei erwähnte der Wächter Marr gegenüber, der geheimnisvolle Fremde müsse sich anscheinend verdrückt haben, denn er sei jetzt nirgends mehr zu sehen.

Vermutlich hatte Williams den Besuch des Wächters bei Marr bemerkt, war sich dadurch der Auffälligkeit seines Benehmens bewusst geworden und hatte die Warnung, die Marr gegolten, für sich die Konsequenz gezogen. Zweifellos ist dann, kaum eine Minute später, nachdem der Wächter Marr beim Schließen der Läden Beistand geleistet hatte, der Bluthund ans Werk gegangen. Was ihn bisher davon abgehalten, war eben der Umstand, dass die Vorübergehenden von draußen durch die Scheiben den Laden überblicken konnten. Zuerst mussten also die Läden fest verrammelt werden. Doch sobald diese Vorbedingung, der Ausschluss der Öffentlichkeit, erfüllt war, galt es keinen Augenblick mehr zu verlieren, wenn er nicht den Erfolg ebenso durch Verzögerung wie vorher durch Übereilung infragestellen wollte; denn alles hing davon ab, ins Haus zu kommen, ehe Marr die Tür verschloss. Wenn wir die Reihenfolge der Tatsachen in ihrem richtigen Zusammenhange betrachten, werden wir sehen, dass Williams diese Art des Eindringens jeder anderen vorgezogen haben muss.

Er wartete nicht etwa Marys Heimkehr ab, um mit ihr gleichzeitig ins Haus zu gelangen, sondern gleich nachdem die Schritte des fortgehenden Wächters verhallt waren und von dieser Seite keine Störung mehr zu befürchten war, beugte er der Gefahr, dass Marr ihn ausschließen könnte, dadurch vor, dass er mit einem Satz ins Haus sprang und dabei mit der linken Hand den Schlüssel umdrehte, ohne dass Marr diese verhängnisvolle Kriegslist bemerkte. Es ist wirklich wunderbar und hochinteressant, die Schritte jener menschlichen Bestie zu verfolgen und aus den stummen Hieroglyphen dieses Falles mit absoluter Sicherheit den ganzen Vorgang des blutigen Dramas so deutlich herauszulesen, als ob wir in Marrs Laden versteckt gewesen wären oder vom gnadenreichen Himmel herabgeblickt hätten.

Dass sein rasches Manöver mit dem Schlüssel Marr entgangen war, geht daraus hervor, dass letzterer trotz der Warnung des Wächters keinen Verdacht geschöpft hatte. Damit Williams sein Werk erfolgreich vollenden konnte, war es für ihn von größter Wichtigkeit, jedem Angstschrei Marrs vorzubeugen oder ihn zu verhindern. Ein derartiger Schrei dringt durch die dünnen Mauern und wäre auf der Straße so deutlich zu hören gewesen, als hätte ihn draußen jemand ausgestoßen. Ihn zu ersticken, war also unumgänglich notwendig, und der Leser wird bald erfahren, wie dies geschah.

Inzwischen wollen wir den Mörder für fünfzig Minuten nach Belieben schalten und walten lassen. Wir wissen ja, dass die Vordertür gegen alle Hilfe verschlossen ist, und begleiten nun im Geiste Mary auf ihrem Gange, kehren, nachdem alles vorüber ist, mit ihr zusammen heim, lüften den Vorhang vor dem Schauplatz der Taten von neuem und sehen das Entsetzliche, das in ihrer Abwesenheit geschehen ist.

Das arme Mädchen wanderte in großer Unruhe, über die es sich keine Rechenschaft abzulegen vermochte, auf der Suche nach einem Austernladen umher. Da sie in dem ihr bekannten Viertel keinen mehr offen fand, hielt Mary es für das Beste, ihr Glück in einem entfernteren Stadtteil zu versuchen. Lichter, die sie von weitem schimmern sah, verlockten sie, immer weiterzugehen, und so kam es natürlich, dass sie sich in den spärlich erhellten Straßen[77] einer unbekannten Gegend Londons, wo wüster Lärm sie oft zu Umwegen veranlasste, in der stockdunklen Nacht verirrte. Das Vorhaben, weswegen sie ausgegangen, war mittlerweile aussichtslos geworden. Es blieb ihr also nichts weiter übrig als umzukehren. Doch jetzt war der Weg schwierig zu finden, und sie fürchtete sich, Vorübergehende, denen sie in der Finsternis nicht ansehen konnte, wer sie waren, danach zu fragen. Endlich erkannte sie im Laternenschein einen Wächter, der sie auf den richtigen Weg wies, und zehn Minuten später stand sie vor der Tür von Ratcliffe Highway Nr. 29. Jetzt erst merkte sie, dass sie fast eine Stunde fortgewesen sein musste, denn in einiger Entfernung hörte sie den Nachtwächterruf »Die Glock' hat eins geschlagen«, der in kurzen Zwischenpausen zehn Minuten lang wiederholt wurde.

In dem Aufruhr angstgepeinigter Gedanken, die sehr bald auf sie einstürmten, vermochte sie sich der Angst des Argwohns und der düsteren Vorahnungen die in jenem Augenblick in ihr aufstiegen natürlich kaum zu erinnern. Doch soviel man feststellen konnte, hatte sie im ersten Moment nach ihrer Rückkehr nichts geradezu Beunruhigendes bemerkt. In den meisten Städten macht man sich durch Klingel von der Straße aus bemerkbar, in London überwiegen jedoch Türklopfer. An Marrs Hause gab es beide Vorrichtungen; Mary zog daher die Glocke und klopfte gleichzeitig ganz leise. Ihre Herrschaft fürchtete sie nicht zu stören, denn sicherlich waren beide noch auf. Ihre Ängstlichkeit galt nur dem Kinde, das vielleicht, einmal aus dem Schlaf geweckt, ihrer Herrin wieder die Nachtruhe rauben könnte. Auch wusste sie genau, dass von den drei Personen, die gewiss sehnsüchtig auf ihre Heimkehr warteten und sich über ihr langes Ausbleiben vielleicht schon beunruhigten, sicher eine auf den leisesten Ruf von ihr an die Tür kommen würde.

Doch was ist das? Zu ihrem Erstaunen, dem sich eisiger Schrecken zugesellte, hörte sie weder Schritte noch Murmeln aus der Küche heraufdringen. In diesem Augenblick fiel ihr mit lähmendem Entsetzen die undeutliche Gestalt des Fremden in dem weiten, dunklen Mantel ein, wie er im ungewissen Laternenlicht einhergeschlichen war und ihren Herrn beobachtet hatte. Sie machte sich jetzt die bittersten Vorwürfe, Mr. Marr trotz ihrer Eile nicht auf die verdächtige Erscheinung aufmerksam gemacht zu haben. Das arme Mädchen wusste nicht, dass die nutzlose Warnung ihrem Herrn schon von anderer Seite zugegangen war und ihrer eigenen, aus übergroßer Eile entstandenen Unterlassung daher nicht die bösen Folgen zur Last gelegt werden konnten.

Doch allen derartigen Erwägungen machte die überwältigende Angst ein Ende. Denn schon die Tatsache, dass auf ihr doppeltes Zeichen sich niemand meldete, ließ sie das Schreckliche ahnen. *Eine* Person konnte wohl fest eingeschlafen sein, doch zwei oder gar drei – das war undenkbar. Selbst wenn alle drei samt dem Kinde in tiefem Schlaf lagen: wie sollte sie sich diese anhaltende Totenstille erklären? Naturgemäß wurde das arme Mädchen jetzt von hysterischer Aufregung ergriffen und riss in ihrem Entsetzen wie toll an der Klingel. Darauf machte sie eine Pause; denn obgleich fast am Ende ihrer Selbstbeherrschung, behielt sie doch genügend Überlegung, um zu bedenken, dass wenigstens Mrs. Marr und das Kind zu Hause sein müssten, wenn vielleicht ein Unglück geschehen sein sollte und sowohl Marr wie der Lehrling zum Arzt gelaufen wären. Aber selbst in diesem kaum anzunehmenden Falle würde doch die arme Mutter auch in äußerster Not wenigstens ein schwaches Lebenszeichen von sich geben. Mary musste sich also ganz still verhalten, damit ihr nicht die etwaige Antwort auf ihr stürmisches Läuten entging. Armes, zitterndes Geschöpf! Krampfhaft bemüht, auf jeden Ton zu achten, rührte sie sich nicht.

Während sie den Atem anhielt, hörte sie in der furchtbaren Stille etwas, das ihr einen Todesschreck einjagte und bis an ihr Lebensende im Ohr widerklang. Sie, die sich aufs äußerste anstrengte, um nur ja nicht die Stimme ihrer geliebten Herrin zu überhören, vernahm nun endlich ganz deutlich einen Ton innerhalb des Hauses. Doch nicht die ersehnte Antwort auf ihr Pochen – nein, ein Geräusch auf der Treppe, die zu dem einzigen Obergeschoss hinaufführte, wo die Schlafzimmer lagen. Danach unterschied sie deutlich Schritte: eine, zwei, drei, vier, fünf Stufen stieg jemand langsam hinab, dann näherten sich die schrecklichen Schritte durch den schmalen Gang zur Haustür. Hier hielten sie inne. Nur eine einzige Tür liegt noch zwischen Mary und dem furchtbaren Fremden. Sie hört ihn atmen, ihn, der alles andere atmende Leben im Hause vernichtet hat. Wie behutsam und leise waren seine Schritte, wie schwer sind seine Atemzüge! Was tut er an der andern Seite der Tür? Stellt Euch vor, dass er sie plötzlich öffnet und Mary unvorsichtig ins Dun-

Die Williams-Morde | 89

kel hinein und damit in die Arme des Mörders stürzt! Wäre dies unmittelbar nach Marys Rückkehr, nach ihrem ersten Klingeln geschehen, so wäre sie unfehlbar in ihr Verderben gerannt. Doch nun ist sie auf ihrer Hut. Der unbekannte Mörder und sie stehen einander lauschend auf den entgegengesetzten Seiten der Tür gegenüber; beim leisesten Anzeichen, dass er den Riegel zurückschieben oder den Schlüssel umdrehen wollte, hätte Mary sich in das schützende Dunkel geflüchtet.

Was bezweckte aber der Mörder mit seinem Kommen an die Haustür? Als Einzelwesen betrachtet bedeutete ihm Mary nichts, doch als Mitglied des Haushalts hatte sie den Wert für ihn, dass er mit ihrer Ermordung die Ausrottung des gesamten Hauses vollendet hätte. Damit wäre ihm der ganze Fang ins Netz gegangen, der Untergang des Hauses restlos bewerkstelligt und die Zahl der Opfer abgerundet worden. Der Fall, dessen Kunde sich wie ein Lauffeuer durch alle Welt verbreiten würde, musste die entsetzte Phantasie der Hörer gefangen nehmen und widerstandslos in die sieghafte Gewalt des Mörders zwingen. Er brauchte nur zu sagen: »Meine Zeugnisse datieren von Ratcliffe Highway Nr. 29«, und die arme ohnmächtige Phantasie würde hilflos vor dem faszinierenden Schlangenblick des Mörders zusammensinken.

Zweifellos gab er sich der Hoffnung hin, dass es ihm gelingen würde, Mary zu täuschen, wenn er ruhig die Tür öffnete, Marrs Stimme nachahmte und ihr zuflüsterte: »Weshalb sind Sie so lange geblieben?« Allein er befand sich im Irrtum, der Augenblick war verpasst. Mary gebärdete sich wie wahnsinnig, riss an der Klingel und vollführte mit dem Klopfer einen Höllenlärm. Die Folge davon war, dass der eben zu Bett gegangene Nachbar aus tiefstem Schlummer gerissen wurde und aus dem andauernden wütenden Läuten und Klopfen schloss, dass irgendeine entsetzliche Schreckenstat die Veranlassung zu diesem Aufruhr sein müsse. Aufstehen, das Fenster aufreißen und sich ärgerlich nach der Ursache des Lärms erkundigen, war das Werk eines Augenblicks. Das arme Mädchen beherrschte sich mühsam so weit, um mit fliegenden Worten zu erzählen, sie sei eine Stunde fortgewesen und Mr. Marrs Familie in der Zwischenzeit wahrscheinlich umgebracht worden; während der Mörder sich auch jetzt noch im Hause befinden müsse.

Der Nachbar, dem sie das alles erzählte, war ein Pfandleiher, ein kreuzbraver Mann; denn schon was körperliche Kräfte anbetraf, war es ein gefährliches Unternehmen, allein einem geheimnisvollen Mörder gegenüberzutreten, der seine physische Überlegenheit anscheinend durch so umfassende Taten bewiesen hatte. Auch erforderte es viel Selbstverleugnung, sich mit raschem Entschluss in die unheimliche Nähe eines derartigen Menschen zu wagen. Nicht einmal ein Soldat steht in der Regel auf dem Schlachtfelde so unberechenbaren Gefahren gegenüber. Falls es sich also bestätigen sollte, dass die ganze Familie Marr umgebracht war, ließ sich ja beinahe annehmen, dass zwei Eindringlinge die Schreckenstat verübt hätten. Oder, wenn nur einer dieses Blutbad angerichtet hatte, wie ungeheuer musste dann seine Kühnheit, also vermutlich auch seine Kraft und Geschicklichkeit sein! Jedenfalls war der unbekannte Feind (ob nun allein oder zu zweit) reichlich bewaffnet.

Trotz all dieser Bedenken stürzte der furchtlose Mann jedoch sofort auf das Schlachtfeld in seines Nachbarn Haus. Nachdem er sich nur so viel Zeit genommen, Beinkleider anzuziehen und die Feuerzange in der Küche zu ergreifen, eilte er in den kleinen Hof hinunter, der an der Rückseite seines eigenen Hauses lag. Auf diese Weise hoffte er den Mörder zu packen, was auf der Vorderseite aussichtslos war, da dort das Einbrechen der Tür zu viel Zeit beansprucht hätte.

Er zwang sich über die neun bis zehn Fuß hohe Ziegelmauer, die seinen eigenen Hofraum von dem Marrs trennte, und gerade in dem Augenblick, als ihm einfiel, dass er wieder zurück müsse, um eine Kerze zu holen, sah er aus der weit offen stehenden Hintertür des Marrschen Hauses einen schwachen Lichtschimmer dringen. Der Mörder war also wahrscheinlich kurz vorher entflohen. Rasch ging der wackere Mann weiter,

Die Williams-Morde | 91

betrat den Laden und sah dort die Schlachtopfer auf dem Boden ausgestreckt. Die engen Räume waren derartig von Blut überschwemmt, dass er kaum vermeiden konnte hineinzutreten, als er sich einen Weg zur Vordertür bahnte. Im Schloss steckte noch der Schlüssel, der dem unbekannten Mörder einen so verhängnisvollen Vorteil über seine Opfer verschafft hatte.

Inzwischen hatte Mary, die sich einbildete, dass einem oder dem andern der Unglücklichen noch durch möglichst schnell herbeigeholten ärztlichen Beistand zu helfen sei, durch ihr Geschrei selbst zu dieser späten Stunde eine kleine Anzahl von Menschen herbeigelockt. Der Pfandleiher öffnete die Tür, und ein oder zwei Nachtwächter drangen an der Spitze der Menge, deren lautes Stimmengewirr bei dem herzzerreißenden Anblick plötzlich verstummte, in den Laden.

Das Drama verkündete laut seine eigene Entwicklung und Szenenfolge. Noch immer wusste man nicht, wer der Mörder war oder auf wen sich der Verdacht richten könnte; doch waren Gründe genug zu der Annahme vorhanden, dass jener eine mit Marr bekannte Persönlichkeit gewesen sein müsse. Zunächst: er hatte den Laden erst nach Geschäftsschluss betreten. Nachdem der Wächter aber Marr Vorsicht empfohlen, hätte das Erscheinen eines Fremden zu jener Stunde, als durch das Schließen von Tür und Läden jede Verbindung mit der Außenwelt abgeschnitten war, Marr selbstverständlich zu Wachsamkeit und Abwehr veranlassen müssen. Da dies jedoch nicht der Fall gewesen, ließ sich voraussetzen, dass irgendetwas Marrs Beunruhigung beschwichtigt und seine Vorsicht entwaffnet hatte. Dieses »Etwas« aber konnte nur in der einfachen Tatsache bestehen, dass die Person des Mörders ein unverdächtiger Bekannter Marrs gewesen sein musste.

Als man hierin erst den Schlüssel zu dem Drama gefunden hatte, lag die Entwicklung der weiteren Handlung klar vor aller Augen: Der Mörder hatte die zur Straße führende Tür sachte geöffnet und ebenso wieder geschlossen. Während er mit dem ahnungslosen Marr die unter alten Bekannten üblichen

Begrüßungsworte wechselte, näherte er sich dem Ladentische und bat um ein Paar Socken aus ungebleichter Baumwolle. In einem so kleinen, schmalen Laden gab es aber nicht genug Raum zur Unterbringung sämtlicher Artikel in den Schubfächern des Ladentisches. Diese Einrichtung war zweifellos dem Mörder genau bekannt, und er wusste, dass Marr sich, um das betreffende Paket von einem anderthalb Fuß höheren Schrank herunterzuholen, umdrehen und seine Hände empor strecken musste. Diese Bewegung brachte ihn dem Mörder gegenüber in die denkbar unvorteilhafteste Stellung; und in dem Augenblick, wo Marrs Hände und Augen beschäftigt waren, zog jener unter dem weiten Mantel plötzlich ein schweres Schiffszimmermannsbeil hervor und betäubte sein Opfer mit einem einzigen Hiebe auf den ungeschützten Hinterkopf so gründlich, dass es keinen Widerstand mehr leisten konnte. Aus der ganzen Lage Marrs, der hinter dem Ladentisch mit erhobenen Händen zusammengebrochen war, ersah man, wie sich der Vorgang abgespielt hatte. Höchstwahrscheinlich raubte schon der erste Schlag dem Überfallenen das Bewusstsein. Der Plan des Mörders ging systematisch darauf aus, das Opfer mit einem Hiebe niederzustrecken oder es doch wenigstens für längere Zeit zu betäuben. Dieser Anfang verschaffte dem Täter dann freien Spielraum; da die Rückkehr des Bewusstseins bei seinem Opfer ihn in die schlimmste Situation bringen konnte, hatte er es sich zur Regel gesetzt, jenes durch Halsdurchschneiden vollständig unschädlich zu machen.

Alle Morde wiesen dieselben typischen Merkmale auf: zunächst Verhinderung jeden Widerstandes, Zerschmetterung des Schädels, dann Herbeiführung ewigen Stillschweigens durch das Durchschneiden der Kehle. Das übrige ergab sich nun von selbst: Marrs Sturz wird vermutlich ein dumpfes Geräusch verursacht haben, das man, da die Türe geschlossen war, nicht mit irgendeinem Straßenlärm verwechseln konnte. Wahrscheinlicher jedoch ist, dass man in der Küche erst aufmerksam wurde, als Williams dabei war, Marr die Kehle durchzuschneiden, denn

Die Williams-Morde | 93

es lässt sich annehmen, dass es dem Mörder bei der gebotenen Eile und in der Enge hinter dem Ladentisch unmöglich war, den grauenhaften Prozeß auf einmal zu vollenden, sondern dass er dem Verwundeten mehrere Schnitte versetzte, wobei dieser tief stöhnte. Daraufhin kam jemand die Treppe heraufgelaufen, wogegen sich der Mörder wohl besonders vorgesehen hatte. Mrs. Marr und der Lehrling, beide jung und behende, stürzten natürlich zum Ausgang nach der Straße. Wäre Mary zu Hause gewesen und hätte es der Mörder gleichzeitig mit allen dreien zu tun gehabt, so wäre es leicht möglich gewesen, dass wenigstens einer von ihnen glücklich die Straße erreicht hätte. Doch das schreckliche Beil streckte sowohl den Jungen wie dessen Herrin auf dem Wege zur Tür nieder. Sie brachen mitten im Laden bewusstlos zusammen, und in demselben Augenblick machte sich der Höllenhund auch schon mit seinem scharfen Messer über sie her. Im ersten Schreck über das Stöhnen ihres Mannes muss Mrs. Marr ihre sonstige Klugheit im Stich gelassen haben, sonst hätten sie und der Knabe ihre Zuflucht wohl zum hinteren Ausgang genommen, wo ihr Hilferuf auf der Straße gehört worden wäre. Außerdem hätten sie auf jenem Wege dem Mörder vielleicht ausweichen können, was sich in dem beschränkten Raume des engen Ladens unmöglich war.

Es gibt keine Worte, das Entsetzen zu schildern, das die Zuschauer beim Anblick der grausigen Tragödie ergriff. Man wusste, dass ein Mitglied des Haushalts durch Zufall der allgemeinen Metzelei entronnen war, doch begann Mary als man sie ausfragen wollte, irre zu reden. Sie wurde von einer mitleidigen Nachbarin weggeführt und zu Bett gebracht. So kam es, dass eine Zeit lang niemand zur Stelle war, der mit Marrs Familienverhältnissen genügend Bescheid wusste, um an das kleine Kind zu denken. Der tapfere Pfandleiher hatte sich nämlich zu dem Leichenbeschauer und einem anderen Nachbarn auf den Weg gemacht, damit dieser das Verbrechen auf dem nächsten Polizeiamt meldete. Plötzlich erinnerte sich jemand unter der Menge an das Kind des ermordeten Paares, das man entweder unten oder in einem der oben gelegenen Schlafzimmer suchen musste, und sofort begab sich eine Menschenmenge die Treppe zur Küche hinunter, wo die Wiege stand. Die Decken und Kissen befanden sich in unbeschreiblicher Unordnung, und als man das Durcheinander entwirrte, kamen Blutlachen zum Vorschein, auch war das Verdeck der Wiege total zersplittert. Den Elenden hatten augenscheinlich das gewölbte Verdeck am Kopfende der Wiege sowie die Kissen und Decken um das Köpfchen des Kindes in seiner Bewegungsfreiheit behindert. Infolgedessen hatte er das erstere mit seinem Beil zertrümmert und schließlich auch dem kleinen, unschuldigen Geschöpf das Messer an die Kehle gesetzt. Ohne ersichtlichen Zweck, höchstens vielleicht, um sich den Anblick der von ihm selbst verübten Scheußlichkeiten zu ersparen, schichtete er danach die Decken wieder sorgfältig über der kleinen Leiche auf.

Dieser Umstand trug unleugbar dazu bei, dem ganzen Ereignis den Charakter eines Racheakts zu verleihen und das umlaufende Gerücht, die Feindseligkeit zwischen Williams und Marr entspränge ihrer Nebenbuhlerschaft, zu bestätigen. Ein Reporter war der Ansicht, dass der Mörder, seiner eigenen Sicherheit wegen, das Geschrei des Kindes habe verhindern wollen, doch wurde ihm ganz richtig erwidert, ein acht Monate altes Kind schreie nicht unter dem Eindruck einer sich abspielenden Tragödie, sondern einfach wie gewöhnlich nach seiner Mutter. Auch würde ein solches Geschrei, selbst wenn man es außerhalb des Hauses hörte, schwerlich den Nachbarn besonders aufgefallen sein und ebenso wenig den Mörder ernstlich beunruhigt haben. In dem ganzen Gewebe von Abscheulichkeiten entfesselte nichts so stark die Volkswut gegen den unbekannten Schurken wie dieses zwecklose Abschlachten des Säuglings.

Naturgemäß verbreitete sich an dem vier bis fünf Stunden später anbrechenden Sonntagmorgen die Schauermär in alle Windrichtungen, doch glaube ich nicht, dass sie in einem der zahlreichen Sonntagsblätter Aufnahme fand. Denn im regelmäßigen

Verlauf der Dinge fand jedes Ereignis, das an einem Sonntage nicht bis fünfzehn Minuten nach ein Uhr morgens geschah oder bekannt wurde[78], erst durch die Montagsausgaben der Sonntagsblätter und die regelmäßigen Montagsmorgenzeitungen den Weg in die Öffentlichkeit. Wenn auch bei dieser Gelegenheit der vorgeschriebene Kurs eingehalten wurde, so bedeutet das einen bedauerlichen Mangel an geschäftlicher Routine. Sicherlich hätte die Befriedigung des allseitigen Verlangens nach genaueren Einzelheiten, dem man durch Weglassen einiger langweiliger Spalten und Einrücken eines ausführlichen, vom Pfandleiher und Wächter gelieferten Berichtes leicht nachkommen konnte, ein Vermögen eingebracht. Sicherlich hätten in allen Stadtteilen der riesigen Metropole 250.000 Extrablätter abgesetzt werden können, wenn eine Zeitung Material gesammelt und so die von umherschwirrenden Gerüchten aufgewühlte sowie auf nähere Mitteilungen erpichte allgemeine Erregung befriedigt hätte.[79]

Am folgenden Sonntag, also acht Tage nach dem traurigen Ereignis, fand die Beerdigung der Marrs statt. In den ersten Sarg hatte man Marr, in den zweiten die Frau mit ihrem Kinde im Arm, in den dritten den Lehrling gebettet. Sie wurden nebeneinander bestattet und 30.000 Arbeiter, auf deren Gesichtern Teilnahme und Entsetzen geschrieben stand, schlossen sich dem Leichenzuge an.

Bis zu diesem Augenblick ahnte noch immer niemand, wer der grässliche Urheber dieser bestialischen Tat und Arbeitgeber der Totengräber war. Hätte man an dem Sonntag des Begräbnisses schon gewusst, was sechs Tage später allgemein bekannt wurde, so wäre die Menge vom Friedhof unverzüglich nach der Behausung des Mörders geeilt, um ihn in Stücke zu reißen. Doch vorläufig musste der Volkszorn in Ermangelung eines Gegenstandes, an den der Verdacht sich heften konnte, noch etwas gedulden. Weit entfernt, allmählich nachzulassen, verstärkte sich die Aufregung im Gegenteil von Tag zu Tag in dem Maße, wie die allgemeine Erschütterung aus der Provinz in die Hauptstadt zurückflutete. Auf jeder Landstraße des Königreiches wurden fortwährend Landstreicher und herumziehende Personen, die sich nicht genügend ausweisen konnten oder nach der ungenauen Beschreibung des Wächters eine entfernte Ähnlichkeit mit Williams zeigten, angehalten und festgenommen.

In die mächtige Flut des Mitleids und der Empörung über das Geschehene mischte sich auch eine Strömung angstvoller Befürchtung für die unmittelbare Zukunft. Um hier nur ein Zitat aus Wordsworth anzuführen: »Kein Erdbeben beruhigt sich sogleich.«

Alles Unheil wiederholt sich. Ein Mörder, dessen tierische Blutgier eine eigenartige Form unnatürlicher Wollust ist, kann nicht auf einmal der Befriedigung seiner Gelüste entsagen. Solch ein Mensch findet, fast mehr noch als der Gämsjäger in den Alpen, einen prickelnden Reiz darin, die Gefahren seiner Tätigkeit, denen er oft nur um Haaresbreite entgeht, immer von neuem zu suchen, um sich dadurch die fade Eintönigkeit seines Alltagslebens zu würzen. Doch abgesehen von den teuflischen Instinkten, die ihn ganz sicher zu erneuten Abscheulichkeiten treiben würden, lag es klar auf der Hand, dass der Mörder der Marrs, wo er auch stecken mochte, in dürftigen Verhältnissen leben musste, und ein bedürftiger Mensch jener Sorte pflegt sein Auskommen nicht in ehrlicher Arbeit zu suchen, zu der Gewaltmenschen schon in Folge ihres hochmütigen Widerwillens dagegen sowie ihrer Verachtung aller Umgangsformen sich besonders schlecht eignen. Also schon um seines Unterhalts willen würde der Mörder, dessen Entdeckung jeder ersehnte, wahrscheinlich nicht verabsäumen, in irgendeinem Schauerdrama von neuem aufzutreten. Selbst wenn man den Mord an den Marrs der Hauptsache nach als Racheakt auffasste, so unterlag es doch keinen Zweifel, dass Raubgelüste dabei mitgespielt hatten, denen aber eine arge Enttäuschung folgte. Mit Ausnahme der geringen Summe, die Marr für seine wöchentlichen Ausgaben zurückzubehalten pflegte, hatte der Mörder wahrscheinlich wenig oder nichts von Belang gefunden, sodass sich seine Beute vielleicht auf zwei Guineen belief, eine

Summe, die er nach Ablauf einer Woche sicherlich ausgegeben hatte. Daher war alle Welt fest davon überzeugt, dass man in ein bis zwei Monaten, nachdem die Wogen der Erregung sich gelegt und neuere Gesprächsstoffe das allgemeine Interesse in Anspruch genommen hätte, die verschärfte Wachsamkeit in den Haushaltungen nachlassen würde, man auf einen neuen, ebenso grauenhaften Mord gefasst sein musste.

Nun möge sich der Leser das wahnsinnige Entsetzen vorstellen, als in diese erwartungsvolle Spannung, die dennoch an die unerhörte Kühnheit eines derartigen Schrittes kaum zu glauben vermochte, in der zwölften Nacht plötzlich ein zweiter, ähnlich geheimnisvoller Fall hineinplatzte. Wiederum war es ein Familienmord, noch dazu in unmittelbarer Nachbarschaft des Marrschen Hauses.

Am zweiten Donnerstag nach dem ersten Mord spielte diese erneute Schreckenstat sich ab[80], die nach Ansicht vieler den ersten Fall an dramatischer Wirkung noch übertraf. Diesmal ereilte das Geschick die Familie eines gewissen Mr. Williamson. Das Mordhaus lag, wenn auch nicht direkt am Ratcliffe Highway, so doch gleich um die Ecke in einer Nebenstraße, die ihn rechtwinklig schnitt.

Mr. Williamson, ein bekannter, angesehener und lange in jener Gegend ansässiger Mann, stand im Rufe, wohlhabend zu sein. Mehr aus Tätigkeitsdrang als wegen des Gelderwerbs betrieb er eine Art Gastwirtschaft, in der es ziemlich patriarchalisch zuging. Es gab keine ängstliche Trennung zwischen den wohlhabenden Besuchern, die sich in den Abendstunden einzustellen pflegten, und den anderen, aus Handwerkern und einfachen Arbeitern bestehenden Gästen. Jeder, der sich anständig betrug, konnte sich setzen, wohin er wollte, und bestellen, was ihm beliebte. So kam es, dass die Kunden Williamsons zum einen Teil aus Stammgästen, zum andern aus ziemlich gemischtem Laufpublikum bestanden.

Der Haushalt setzte sich aus folgenden fünf Personen zusammen: Erstens das Oberhaupt Mr. Williamson, ein siebzigjähriger Mann, der für seinen Beruf vorzüglich passte, stets höflich und niemals verdrossen war, dabei aber fest auf Ordnung hielt. Zweitens Mrs. Williamson, seine etwa zehn Jahre jüngere Gattin. Drittens ein neunjähriges Enkeltöchterchen. Viertens: ein fast vierzigjähriges Hausmädchen. Und fünftens ein etwa sechsundzwanzigjähriger junger Mann, der für eine Fabrik reiste. (In welcher Branche, habe ich vergessen, auch entsinne ich mich seiner Nationalität nicht mehr.) Bei Mr. Williamson gehörte es zur Hausordnung, dass alle Gäste, ohne jegliche Ausnahme, Punkt elf Uhr das Lokal verließen. Durch diese Maßnahme hatte Mr. Williamson es verstanden, sogar in jener wüsten Gegend sein Haus von Zank und Streit freizuhalten. An dem Abend jenes Donnerstags hatten sich wie gewöhnlich alle Gäste entfernt, doch nicht ohne sich eines unbestimmten Verdachts erwehren zu können. In einer weniger bewegten Zeit wäre der Umstand vielleicht niemand aufgefallen, doch jetzt, wo sich bei jedem geselligen Zusammensein das Gespräch ausschließlich um die Marrs und deren unbekannten Mörder drehte, erregte es natürlich Unbehagen, dass ein Fremder von unheimlichem Äußeren in einem weiten Mantel zu verschiedenen Malen im Laufe des Abends aus und ein ging, sich in dunklen Ecken dem Bereich des Lichtscheins entzog und, wie Verschiedene beobachtet hatten, verstohlen die Privaträume des Hauses beobachtete. Man nahm an, dass er ein Bekannter Williamsons war, was er in gewissem Grade als gelegentlicher Besucher der Gastwirtschaft immerhin sein konnte. Später aber haftete der leichenblasse Fremde mit dem abstoßenden Äußern, der unnatürlichen Haarfarbe und den glasigen Augen, der sich in den Stunden zwischen acht und elf Uhr abends immer wieder zeigte, allen, die ihn mit innerem Schaudern beobachtet hatten, so fest im Gedächtnis, als ob ihnen die schrecklichen Gesichter der beiden von Banquos Blute dampfenden Mörder im *Macbeth* erschienen wären, wie sie im nebligen Hintergrund beim prächtigen Gastmahl des Königs auftauchen.

Inzwischen schlug es elf Uhr, die Anwesenden brachen auf,

die Eingangstür wurde nur angelehnt, und die fünf zurück-
bleibenden Hausbewohner verteilten sich nun folgendermaßen: Die drei älteren, nämlich Williamson, seine Frau und
das Dienstmädchen, waren alle im Erdgeschoss beschäftigt.
Williamson zog Porter, Ale usw. zum Verkauf an die Nachbarn
ab, für die er die Haustür bis zwölf Uhr geöffnet hielt, während
Mrs. Williamson und das Mädchen zwischen der Küche und einem kleinen Wohnzimmer hin und her gingen. Das Enkeltöchterchen, dessen Schlafzimmer im ersten Stock lag (in London
versteht man darunter die eine Treppe über dem Erdgeschoss
liegende Etage) schlief schon seit neun Uhr; auch der Reisende
hatte sich bereits zur Ruhe begeben. Er war ein regelmäßiger
Logiergast des Hauses und nächtigte in einem Zimmer der zweiten Etage. Als Geschäftsmann an frühes Aufstehen gewöhnt,
hatte er sich zeitig zu Bett gelegt. Natürlich wäre er gern recht
schnell eingeschlafen; in dieser Nacht hielten ihn jedoch un-
ruhige Gedanken an den kürzlich in Nr. 29 verübten Mord,
die sich schließlich bis zu nervöser Erregtheit steigerten, noch
einige Zeit wach. Möglicherweise hatte er jemand von dem
verdächtigen Fremden sprechen hören oder ihn selbst herum-
schleichen sehen. Vielleicht dachte er auch an die gefährliche
Nachbarschaft in dieser Verbrechergegend, an die ungemütliche
Tatsache, dass die Marrs ganz in der Nähe gewohnt hatten und
der Unterschlupf des Mörders folglich nicht weit sein mochte.
Außer solchen allgemeinen Gründen zur Beunruhigung gab
es für dieses Haus noch besondere: Williamsons offenkundiger
Reichtum, die mehr oder weniger berechtigte Annahme, dass er
in Pulten und Schubladen das ihm beständig zuströmende Geld
anhäufte; und schließlich die geflissentlich heraufbeschworene
Gefahr durch das Offenlassen der Haustür während einer vollen
Stunde – einer Stunde, in der die allseitig bekannte Gewissheit,
niemals einen Gast anzutreffen, da ja alle von elf Uhr an ver-
bannt waren, die Gefahr noch erhöhte.

Diese Gewohnheit, die sich bisher zugunsten des Hauses
bewährt hatte, bedeutete jetzt, unter veränderten Umständen,

geradezu eine Herausforderung des Unheils. Williamson, ein schwerfälliger siebzigjähriger Mann, hätte, nachdem die Gäste das Lokal verlassen hatten, die Haustür sofort verschließen müssen.

Über dies und anderes (besonders auch darüber, dass Mr. Williamson in dem Rufe stand, eine beträchtliche Menge Tafelsilber zu besitzen) grübelte der Reisende, tief in Gedanken versunken, als plötzlich, ungefähr fünfundzwanzig Minuten vor Mitternacht mit einem Krach, der eine gewalttätige Hand verriet, die Haustür zugeschlagen und abgeschlossen wurde. Zweifellos war jetzt der geheimnisvolle Teufel vom Ratcliffe Highway Nr. 29 erschienen. Das schreckliche Wesen, das seit zwölf Tagen alle Gedanken beschäftigte und alle Zungen in Bewegung setzte, hatte das unbeschützte Haus betreten, und in wenigen Minuten würde ihn jeder Einzelne der Bewohner von Angesicht zu Angesicht sehen. Eine Frage freilich war immer noch offen geblieben: ob bei Marrs nicht zwei Verbrecher ihre Hände im Spiel gehabt hatten. In diesem Falle würde es sich auch hier um zwei handeln, von denen der eine dann wahrscheinlich die Arbeit in den oberen Stockwerken übernehmen würde, da bei einem derartigen Anschlag nichts verhängnisvoller werden konnte, als Hilferufe von den oberen Fenstern auf die Straße hinaus. Eine halbe Minute lang saß der arme Mann, wie gelähmt vor Schreck, aufrecht im Bett. Dann erhob er sich und ging zur Tür, nicht etwa in der Absicht, sie gegen den Eindringling zu sichern, wusste er doch nur zu gut, dass sie weder Schloss noch Riegel hatte. Auch war im Zimmer kein zum Verbarrikadieren geeignetes Möbelstück vorhanden, selbst wenn die Zeit zu einem solchen Manöver ausgereicht hätte. Eisige Furcht trieb den jungen Mann, die Tür zu öffnen. Mit einem Schritt stand er am Treppengeländer und beugte sich lauschend darüber. Im selben Augenblick ertönte aus dem kleinen Wohnzimmer der in höchster Todesangst ausgestoßene Schrei des Mädchens: »Herr im Himmel! Wir werden alle ermordet!« Ein Medusenhaupt musste hinter jenen blutlosen Zügen mit den glasigen eiskalten

Die Williams-Morde | **101**

Augen lauern, dass ein Blick auf sie genügte, um aus ihnen Todesgewissheit herauszulesen.

Drei Todeskämpfe waren vorüber, als der arme, versteinerte Reisende, halb bewusstlos dem Zwang des Entsetzens nachgebend, beide Treppenabsätze hinabstieg. Der fassungslose Schrecken löste bei ihm dieselbe Wirkung aus wie der tollkühnste Mut. Im Hemd stieg er die ausgetretenen Stufen, die ab und zu leise knarrten, bis zu der vierten von unten hinunter. Ein Husten, ein hörbarer Atemzug in dieser Situation – und der junge Mann wäre rettungslos verloren gewesen. Denn der Mörder befand sich zurzeit gerade in dem kleinen Wohnzimmer, dessen der Treppe gegenüberliegende Tür halb offen stand, oder vielmehr beträchtlich weiter geöffnet war, als was man so gemeinhin »halb offen« nennt. Von dem Quadranten oder den neunzig Grad, welche die Tür beschreiben müsste, wenn sie mit dem Türrahmen (oder mit sich selbst in geschlossenem Zustand) einen rechten Winkel bildete, waren wenigstens fünfundfünfzig Grad übersichtlich und damit auch zwei der drei Leichen dem Blicke des jungen Mannes preisgegeben. Wo aber war die Dritte und wo der Mörder?

Letzteren hörte er in dem durch die Tür verdeckten Teil des Zimmers hin und her gehen und an dem Büfett, dem Schreibtisch und einem Wandschrank Schlüssel probieren. Bald darauf kam er in Sicht, doch war er zum Glück für den jungen Mann in diesem kritischen Augenblick zu sehr in seine Beschäftigung vertieft, um einen Blick zu der Treppe zu werfen, wo er sonst die weiße, regungslose Gestalt sofort erspäht und in der nächsten Sekunde ins Jenseits befördert hätte.

Der dritte, noch fehlende Leichnam, nämlich der Mr. Williamsons, lag im Keller, was der junge Reisende freilich nicht wusste; da er den alten Mann aber weder stöhnen, noch sich bewegen hörte, musste er auch auf Williamsons Tod schließen. Von den vier Freunden, die der junge Mann vor kaum vierzig Minuten verlassen hatte, schliefen drei bereits den ewigen Schlummer. Es blieben also noch vierzig Prozent (für Williams

102 | Dritter Teil

wahrlich ein hoher Prozentsatz) übrig, nämlich der Reisende und seine niedliche kleine Freundin, das Enkeltöchterchen, die in kindlicher Unschuld, unbekümmert um ihr oder der Großeltern Schicksal, in süßem Schlafe lag. Zum Glück weilt ein Freund, der diesen Namen mit Recht verdient, in ihrer Nähe – wenn er nur imstande ist, sie aus dieser entsetzlichen Gefahr zu erretten. Doch ach! der Mörder ist *ihm* noch näher als der Kleinen. Regungslos, zur Bildsäule erstarrt, jeder Bewegung unfähig, steht der Ärmste da, während sich in einer Entfernung von dreizehn Fuß seinen Augen folgende Szenerie enthüllt: Über das Hausmädchen war der Mörder hergefallen, als sie den Kamin, dessen Gitter sie soeben mit Graphit geputzt hatte, mit Kohlen und Holz füllte, damit sie am nächsten Tag alles bereit fand und nur das Feuer anzuzünden brauchte. Augenscheinlich muss sie beim Eindringen des Mörders mit dieser Arbeit beschäftigt gewesen sein, und höchstwahrscheinlich spielte sich der Gang der Ereignisse folgendermaßen ab. Der furchtbare, von dem Reisenden vernommene Aufschrei, der aber erst ein bis zwei Minuten nach dem Türzuschlagen erfolgte, war der erste Ausdruck ihres Entsetzens. Folglich musste jenes Anzeigen, das den jungen Mann so beunruhigt hatte, von den beiden Frauen auf unerklärliche Weise falsch gedeutet worden sein. Mrs. Williamson soll zu jener Zeit an Schwerhörigkeit gelitten haben, und das Mädchen, das mit dem Kopf halb unter dem Kamingitter steckte, mag bei dem Geräusch, das sie bei ihrer Arbeit selbst vollführte, den dumpfen Krach mit Straßenlärm verwechselt oder das heftige Zuschlagen einem Streich ungezogener Jungen zugeschrieben haben.

Tatsächlich hatte das Mädchen bis zu ihrem Aufschrei keinen Verdacht geschöpft und ihre Arbeit nicht unterbrochen. Daraus folgt, dass auch Mrs. Williamson nichts aufgefallen war, da sie sonst ihren Argwohn dem in demselben kleinen Zimmer befindlichen Mädchen mitgeteilt hätte.

Da sie zufällig mit dem Rücken zur Tür stand, hatte Mrs. Williamson wahrscheinlich den Eintritt des Mörders gar nicht

bemerkt und war von ihm durch einen Schlag mit einem Brecheisen, der ihr die Schädeldecke zertrümmerte, betäubt und zu
Boden gestreckt worden. Erst das Geräusch ihres Falles, der
ebenso wie der tödliche Streich das Werk eines Augenblicks war,
hatte die Aufmerksamkeit des Mädchens erregt und sie zu dem
Aufschrei veranlasst. Bevor sie ihn wiederholen konnte, hatte
der Mörder das erhobene Werkzeug auch auf ihr Haupt nieder-
sausen lassen. Beide Frauen waren nun auf immer unschädlich
gemacht und weitere Gewalttätigkeiten eigentlich überflüssig.
Allein trotz seiner Eile und der Gefahr, die jeder Zeitverlust für
ihn heraufbeschwören konnte, hielt der Unhold es doch für
notwendig, den beiden Opfern die Kehle durchzuschneiden
und dadurch alle Wiederbelebungsversuche und etwaige Aussa-
gen gegen ihn unmöglich zu machen. Mrs. Williamson war mit
dem Kopf zur Tür auf den Rücken gefallen. Das Mädchen hatte
sich aus seiner knienden Stellung nicht erheben können und
den Kopf widerstandslos dem Todesstreich dargeboten, worauf
der Unmensch nur den Hals der Unglücklichen zurückzubeugen
brauchte, um durch einen Schnitt den Mord zu vollenden.

Es ist merkwürdig, dass der junge Kaufmann, obgleich von
Schreck wie gelähmt, sodass er dem Löwen geradezu in den Ra-
chen getaumelt wäre, doch imstande war, alles Wesentliche zu
bemerken und zu erfassen. Der Leser muss ihn sich vorstellen,
wie er den Mörder beobachtet, der sich gerade über Mrs. Williamson beugt, um die Tote nach Schlüsseln zu durchsuchen.
Zweifellos befand sich der Mörder in einer peinlichen Lage.
Wenn es ihm nicht gelang, die erforderlichen Schlüssel rasch
zu finden, so hatte die ganze grausige Tragödie keinen weiteren
Erfolg als den, das Entsetzen des Publikums aufs äußerste zu
steigern, die Leute zu zehnfach erhöhter Wachsamkeit zu veranlassen und damit doppelte Hindernisse zwischen dem Mörder
und seiner künftigen Laufbahn aufzutürmen. Sogar ein noch
brennenderes Interesse stand auf dem Spiel; seine eigene Sicherheit konnte durch einen plötzlichen Zwischenfall gefährdet
werden. Die Mehrzahl der Kunden, die von Williamson Geträn-

ke holen kamen, bestand zwar aus leichtfertigen Dirnen oder Kindern, die, ohne sich weiter Gedanken zu machen, zu einem andern Laden laufen würden, falls sie diesen hier geschlossen fänden. Wenn jedoch eine verständige Person an die Tür käme und eine Viertelstunde vor der üblichen Zeit keinen Einlass mehr erhielte, so müsste sie ohne Zweifel Verdacht schöpfen, würde höchstwahrscheinlich Lärm schlagen, und dann konnte lediglich ein glücklicher Zufall den Verbrecher retten. Einen charakteristischen Beweis für die seltsamen Widersprüche im Charakter dieses Schurken bildet der Umstand, dass er, der so oft mit raffinierter Schlauheit zu Werke ging, andererseits aber auch wieder die selbstverständlichsten Vorsichtsmaßregeln außer Acht ließ, jetzt inmitten seiner Opfer in dem kleinen, blut-überströmten Zimmer wahrscheinlich gar nicht wusste, ob ein Ausgang existierte, durch den er sicher und unbehelligt das Haus verlassen konnte. Auch hatte er keine Ahnung, worauf die Fenster der Hinterfront hinausgingen, und außerdem ließ sich wohl annehmen, dass in einer so gefährlichen Gegend die Fenster des unteren Stockwerkes vergittert waren. Ein Sprung aus den oberen bedeutete bei der Höhe ein gewagtes Unterneh-men. Es galt folglich, sich mit dem Probieren der Schlüssel und dem Heben der verborgenen Schätze möglichst zu beeilen.

Diese intensive Verfolgung des einen Ziels machte den Mör-der blind und taub für seine Umgebung, sodass er die schweren Atemzüge des jungen Mannes, die diesem selbst furchtbar im Ohr dröhnten, überhörte. Wieder und wieder durchwühlte der Mörder Mrs. Williamsons Taschen und zog mehrere Schlüssel-bunde daraus hervor, von denen eines mit hartem, klirrendem Laut zu Boden fiel.

Bei dieser Gelegenheit merkte der heimliche Zeuge auf sei-nem verborgenen Lauscherposten, dass Williams' Mantel mit schwerer Seide gefüttert war, und noch etwas anderes fiel ihm auf, das sich als viel bedeutsamer erwies als alle übrigen von ihm beobachteten Umstände: Die anscheinend neuen, vermut-lich von dem Gelde des armen Marr gekauften Schuhe des Verbrechers knarrten beim Gehen, und als er sich mit den Schlüsseln wieder in den hinter der Tür liegenden Teil des Zimmers zurückzog, sah der Reisenden darin eine Rettungsmöglichkeit. Einige Minuten würden sicher beim Probieren der Schlüssel und Durchsuchen der Fächer oder bei dem gewaltsamen Aufbrechen der Schränke und Schubladen vergehen. Der Lauscher konnte also mit einer kurzen Zeitspanne rechnen, während der das Schlüsselrasseln das Knarren der Stufen unter seinen hinauf schleichenden Füßen übertönte. Sein Plan war gefasst.

Als er sein Zimmer erreicht hatte, rückte er zunächst das Bett vor die Tür, um den Feind, wenn auch nur vorübergehend, aufzuhalten und im gegebenen Moment Zeit zu gewinnen, sodass er schlimmstenfalls mit einem verzweifelten Sprung aus dem Fenster Rettung suchen konnte. Nachdem er so geräuschlos wie möglich die Tür verbarrikadiert, riss er seine Bettlaken, Kissenbezüge und Decken in breite Streifen, flocht sie zu Seilen zusammen und knüpfte die verschiedenen Längen aneinander. Dann aber entdeckte er, keinen Haken, keine Querstange oder irgendeine andere Befestigung, an der er sein Seil sicher anknüpfen konnte. Vom Fensterbrett aus betrug die Entfernung bis zum Erdboden etwa zwei- bis dreiundzwanzig Fuß, wovon zehn oder zwölf Fuß abgingen, weil man sich aus dieser Höhe gefahrlos fallen lassen konnte. Er brauchte also ein ungefähr zwölf Fuß langes Seil. Doch unglücklicherweise gab es am Fenster keinerlei eisernes Befestigungsmittel. Die nächste oder vielmehr einzige derartige Vorrichtung bestand in einem Pflock, der anscheinend zwecklos im Bettpfosten steckte. Da das Bett jedoch vom Fenster abgerückt war, befand sich der Pflock noch um drei Fuß weiter als sonst, im Ganzen also sieben Fuß vom Fenster entfernt. Sieben ganze Fuß mussten noch zu dem ursprünglichen Maß hinzugefügt werden.

Nur Mut! In den Sprichwörtern aller Völker der Christenheit hilft Gott dem, der sich selbst hilft. Dessen war unser junger Freund sich dankbar bewusst, denn in dem Vorhandensein eines Pflocks an einer Stelle, wo er bisher zwecklos war, erkannte der in Lebensgefahr Schwebende das Walten der Vorsehung. Wäre es nur um das eigene Ich gegangen, so hätte er sein Werk wohl kaum für besonders verdienstlich gehalten, doch seine Gedanken weilten bei dem armen Kinde, das ihm ans Herz gewachsen war, und dem jede Minute der Verzögerung Verderben bringen konnte. Als er vorhin an der Tür der Kleinen vorübergegangen, war sein erster Gedanke gewesen, sie aus dem Bette zu reißen und in sein Zimmer zu tragen, wo sie sein Schicksal mit ihm teilen mochte. Doch bei näherer Überlegung sagte er sich, dass er ihr für sein Verhalten keine Erklärung geben und sie daher vor Schreck leicht aufschreien konnte, was ihnen beiden verhängnisvoll werden musste. Wie die zu Häupten des Bergsteigers drohende Lawine, oft nur von einem Flüstern, einem Hauch erschüttert, herabstürzt, so konnte selbst ein kaum vernehmbarer Laut die Mordwut des Mannes dort unten aufs Neue entfesseln.

Nein, zur Rettung des Kindes ging der Weg nur über seine eigene Befreiung. Der erste Schritt bildete einen verheißungsvollen Anfang, denn seine Befürchtung, dass der Pflock in dem halb verrotteten Holz dem Zuge nachgeben würde, bestätigte sich nicht. Er hielt fest, selbst als das volle Körpergewicht des Reisende daran hing. In fliegender Eile befestigte er am Pflock drei Längen seines Seils, die ungefähr elf Fuß maßen. Er flocht sie möglichst locker, sodass nur drei Fuß verloren gingen, fügte ein neues, gleich langes Ende hinzu und hatte nun schon sechzehn Fuß zur Verfügung, die er aus dem Fenster werfen konnte. Jetzt war ein tödlicher Ausgang des Sprungs, wenn man an dem Seil hinunterglitt, so weit es reichte, und sich dann fallen ließ, nicht mehr unbedingt zu befürchten. Ungefähr sechs Minuten dauerte schon der heiße Wettkampf zwischen oben und unten. In fliegender Hast arbeitete der Mörder unten im Wohnzimmer, in fiebernder Eile der Reisende oben in seinem Schlafgemach. Dem Schurken unten lächelte das Glück; ein Bündel Banknoten war ihm bereits in die Hände gefallen und einem zweiten spürte er gerade nach. Auch einen Haufen Goldmünzen hatte er

Die Williams-Morde | **107**

aufgestöbert. Zwar existierten Sovereigns damals noch nicht, doch galten die Guineen, die er erbeutet hatte zu jener Zeit dreißig Schilling. Über den Fund sehr erfreut, ja beinahe vergnügt, würde der Mörder sogar, falls noch ein lebendes Wesen im Hause existiert, wovon er sich gleich überzeugen will, gern mit diesem ein Glas auf sein Wohl leeren, bevor er ihm den Hals durchschneidet. Dem armen Geschöpf das Leben zu schenken, fiele ihm natürlich nicht im Entferntesten ein. Oh nein! Das ginge auf keinen Fall! Hälse sind keine Dinge, die man verschenkt. Geschäft ist Geschäft, und in Geschäftsachen hört bekanntlich die Gemütlichkeit auf.

Lediglich als Geschäftsleute betrachtet, sind die beiden Männer fraglos gleich tüchtig. Wie Chor und Halbchor, Strophe und Antistrophe wirken sie gegeneinander. Der Reisende zieht hierhin, der Mörder dorthin.

Was den ersteren anlangt, so ist er jetzt in Sicherheit, denn das Rettungsseil, von dessen Länge allerdings sieben Fuß durch die Entfernung des Bettes vom Fenster in Abzug gebracht werden müssen, ist um weitere sechs Fuß gewachsen, sodass nur noch etwa zehn Fuß bis zum Erdboden fehlen dürften – als Sprung eine Kleinigkeit, die selbst ein Knabe riskieren könnte.

Dem Mörder dagegen hat seine kühle Auffassung der Sachlage zum ersten Mal in seinem Leben einen Streich gespielt. Der Leser und ich – wir wissen eine immerhin ziemlich wichtige Tatsache, von der der Mörder nicht die leiseste Ahnung hat, nämlich, dass jemand ihn volle drei Minuten lang, wenn auch in tödlicher Angst, aufs Allergenaueste beobachtete und über die knarrenden Schuhe sowie den seidengefütterten Mantel an einer Stelle Bericht erstatten wird, wo dem Mörder diese kleinen Eigentümlichkeiten nicht gerade zum Vorteil ausgelegt werden würden. Obwohl nun Williams von dem stillen Zuschauer bei Mrs. Williamsons Taschenvisitation nichts wusste und ihm daher auch das Seilergewerbe, das der Reisende daraufhin ergriffen, keinerlei Besorgnisse einflößen konnte, so hatte er doch genug schwerwiegende Gründe, sich nicht unnötig aufzuhalten. Trotzdem zögerte er, wie die Polizei später aus allerlei Anzeichen entnehmen konnte, immer noch, das Haus zu verlassen. Was ihn dazu bewog, bekräftigte die Annahme, dass bei ihm der Mord nicht allein Mittel zum Zweck, sondern auch Selbstzweck war.

In den fünfzehn bis zwanzig Minuten, die Williams nun auf dem Plan war, hatte er, sogar für seine eigenen hohen Ansprüche, Beträchtliches geleistet, sozusagen »ein glänzendes Geschäft« gemacht. In zwei Stockwerken, nämlich dem Keller und dem Erdgeschoss, hatte er mit den Bewohnern »aufgeräumt«. Doch blieben wenigstens noch zwei Stockwerke übrig, in denen Williams, trotz seiner Unkenntnis der Familienverhältnisse, noch einige Hälse vermutete. Den Raub hatte er so restlos eingesackt, dass eine etwaige Nachlese auch nicht mehr das Geringste ergeben hätte. Aber die Hälse – die Hälse – , da eröffneten sich seinem Tatendurst vielleicht noch Aussichten.

Bei diesem Gedanken setzte Mr. Williams, blutgierig wie ein Raubtier, die ganzen Früchte seiner nächtlichen Arbeit und sein Leben dazu aufs Spiel. Hätte der Mörder in diesem Augenblick das offene Fenster oben gesehen, in dem der Reisende sich eben zum Abstieg anschickte, hätte er die Schnelligkeit beobachtet, mit der jener auf Leben und Tod gearbeitet, und die furchtbare Erregung vorausgeahnt, der binnen neunzig Sekunden der Einwohnerschaft dieses stark bevölkerten Stadtteils bemächtigen würde, er wäre wie ein Wahnsinniger, dem die Verfolger auf den Fersen sind, zur Haustür gestürzt. Dieser Ausweg war bis jetzt noch frei, und mit seiner Beute über einhundert Pfund betragenden Beute in der Tasche hätte er in klug gewählter Verkleidung den Roman seines abscheulichen Lebens fortsetzen können. Freilich wäre dazu erforderlich gewesen, dass er noch in dieser selben Nacht seine Augenbrauen geschwärzt, sein gelbes Haar abrasiert und in der Morgenfrühe durch eine dunkle Perücke ersetzt hätte, die ihm im Verein mit einem unauffällig schlichten Anzug das Aussehen eines biederen Bürgers verliehen und den Argwohn zudringlicher Polizeibeamten zer-

Die Williams-Morde | **109**

streut haben würde. So wäre es ihm möglich gewesen, sich auf irgendeinem Fahrzeug nach einem beliebigen Hafen der 2400 englische Meilen langen Küste Amerikas einzuschiffen und dort noch fünfzig Jahre lang mit Muße seiner Reue zu leben, ja, sogar im Ansehen der Wohlanständigkeit zu sterben. Hätte er es dagegen vorgezogen, sich im öffentlichen Leben zu betätigen, so wäre es bei seiner Schlauheit, Kühnheit und Gewissenlosigkeit in einem Lande, das den Fremden durch den einfachen Akt der Naturalisation umgehend in den Schoß der Nation aufnimmt, für Williams nicht ausgeschlossen gewesen, den Präsidentensitz zu erwerben, worauf man ihm nach seinem Tode ein Denkmal errichtet und eine dreibändige Biografie von ihm herausgegeben hätte, in der freilich nicht die leiseste Anspielung auf Ratcliffe Highway Nr. 29 zu finden gewesen wäre.

Die Entscheidung über dieses verlockende Zukunftsbild hing von den nächsten neunzig Sekunden ab, in denen es für Williams darauf ankam, den richtigen Weg einzuschlagen. Zeigte ihm sein Schutzengel jetzt den rechten Pfad, so konnte für sein irdisches Heil noch alles gut ausgehen. Doch gebt Acht! Binnen zwei Minuten werden wir ihn den falschen Weg einschlagen und damit ins Verderben rennen sehen. Schon schwebt der rächende Arm der Nemesis über ihm.

Wenn auch der Mörder noch saumselig zögert, der Seiler über ihm zaudert nicht, da er nur zu gut weiß, dass des armen Kindes Geschick auf des Messers Schneide steht. Es kommt alles darauf an, Lärm zu schlagen, ehe der Mörder an das Bett der Kleinen tritt.

Und in demselben Augenblick, während die bebenden Finger kaum noch ihr Werk vollbringen können, hört er den Mörder leisen Schritts die Treppe heraufschleichen. Nach dem geräuschvollen Zuschlagen der Haustür hatte der Reisende erwartet, dass Williams in freudigen Sätzen, ein Tigergebrüll ausstoßend, die Treppe heraufspringen würde; vielleicht hätte dies auch seiner natürlichen Veranlagung und Sinnesart mehr entsprochen. Doch jene bei einem plötzlichen Überfall höchst wirksame Methode der Annäherung musste gefährlich werden, wenn die Leute inzwischen gewarnt und auf ihrer Hut waren.

Der Schritt erklang auf der Treppe zu hören, doch es fragt sich auf welcher Stufe? Er nahm an, auf der untersten, was bei einer so leisen und behutsamen Vorwärtsbewegung schon etwas ausmachte. Doch konnte es nicht ebenso gut die zehnte, zwölfte, vierzehnte Stufe sein? Noch nie vielleicht hatte ein Mensch die Last einer schweren Verantwortung so intensiv gefühlt, wie der Reisende sie in jenem Augenblick für das arme Kind empfand. Vergeudete er auch nur zwei Sekunden durch Ungeschicklichkeit oder angstvolles Lauschen und Zögern, so konnte diese geringe Zeitspanne bei dem Kindes schon über Leben und Tod entscheiden. Doch noch ist nicht alle Hoffnung verloren, und das, worauf dieser letzte Hoffnungsstrahl sich gründet, spricht mit furchtbarster Deutlichkeit für die teuflische Gesinnung des Feindes, dessen finsterer Schatten, im astrologischen Sinne gesprochen, das Haus des Lebens verdunkelte. Der Reisende war der Überzeugung, dass der Mörder sich nicht damit begnügen würde, das Kind im Schlaf umzubringen. Für einen Mord-Epikuräer wie Williams wäre dann der eigentliche Zweck verfehlt, die ganze Sache ihres Reizes beraubt, wenn das arme Kind den bitteren Kelch des Todes leeren sollte, ohne vorher zum Bewusstsein seiner entsetzlichen Lage zu kommen. Zum Glück würde jedoch deren Erklärung Zeit beanspruchen. Außerdem musste der Schreck, zu so ungewöhnlicher Stunde aus dem Schlaf gerüttelt zu werden, und das Entsetzen beim Begreifen des Anlasses bei der Kleinen eine Ohnmacht oder doch mindestens eine Art Geistesabwesenheit hervorrufen, die einige Zeit anhalten würde. Kurz, diese Logik rechnete mit einem Übermaß von Schlechtigkeit auf Seiten des Mörders. Hätte man von ihm voraussetzen können, dass er sich mit der bloßen Ermordung des Kindes ohne künstliche Verlängerung seiner Seelenqualen begnügen würde, so wäre der Fall hoffnungslos gewesen. Doch da unser Mörder in der Ausführung seiner Taten übertrieben peinlich war – eine Art Martinet in szenischer

Die Williams-Morde | 111

Gruppierung seiner Morde –, und da solche Vorbereitungen und Finessen Zeit erfordern, so ließ sich noch mit einiger Berechtigung hoffen. Bei einem von der Notwendigkeit diktierten Mord war die größte Schnelligkeit geboten, bei einem reinen Lustmorde jedoch, wo kein feindlicher Augenzeuge zu beseitigen, noch Beute zu gewinnen oder Rachegelüste zu kühlen waren, musste Überstürzung alles verderben. Wurde das Kind also gerettet, so verdankte es sein Leben nur ästhetischen Gründen.[81]

Doch alle derartigen Erwägungen werden kurzerhand abgeschnitten. Ein zweiter, ein dritter vorsichtiger Schritt auf der Treppe wird hörbar – und des Kindes Schicksal scheint besiegelt. Schon hat sich der Reisende aus dem weit geöffneten Fenster hinausgeschwungen und seinen Abstieg begonnen. Infolge seines Körpergewichts gleitet er schnell hinab, während er mit den Händen die Schnelligkeit zu hemmen sucht, wobei die verschiedenen Knoten ihm gute Dienste leisten. Unglücklicherweise erwies sich das Seil als vier bis fünf Fuß zu kurz, und der Flüchtling baumelte ungefähr elf Fuß über dem Erdboden in der Luft. Vor Erregung versagte ihm die Stimme, und aus Furcht, sich die Beine zu brechen, wagte er nicht sich auf das holprige Kopfsteinpflaster fallen zu lassen. Obwohl die Nacht nicht so dunkel war wie beim Morde der Marrs, so konnte sie für die Kriminalpolizei nicht günstiger sein als die schwärzeste Finsternis, die je einen Mörder in ihren schützenden Mantel hüllte und seine Verfolgung vereitelte: Ganz London war nämlich mit dem berüchtigten dichten, aus dem Flusse aufsteigenden Nebel bedeckt. So wurde der in der Luft Schwebende wohl eine halbe Minute lang gar nicht bemerkt, bis sein weißes Hemd die Aufmerksamkeit auf ihn lenkte. Drei oder vier Leute, die sofort ahnten, dass er ihnen Schreckliches mitzuteilen hätte, fingen ihn auf. Doch wo gehörte er hin? Selbst das Haus war im Nebel nicht deutlich erkennbar; aber er wies mit dem Finger auf Williamsons Tür und keuchte in halb ersticktem Ton: »Da drinnen ist Marrs Mörder bei der Arbeit!«

Alles übrige erklärte sich von selbst durch den beredten Mund der Tatsache. Der geheimnisvolle Vernichter von Ratcliffe Highway Nr. 29 hatte ein anderes Haus heimgesucht, und – man denke! – nur ein einziger Mensch war im Nachtgewand durch die Luft entkommen, um das Entsetzliche zu verkünden. Wohl mochte abergläubische Furcht vielleicht davor zurückschrecken, die Verfolgung des rätselhaften Verbrechers aufzunehmen, allein im Interesse der Moral und der rächenden Justiz war es unbedingt geboten, alle erforderlichen Maßnahmen zu ergreifen, zu beschleunigen und energisch durchzuführen.

Ja, der Mörder Marrs, der große Unbekannte, war wieder am Werk und blies vielleicht in diesem selben Augenblick jemand das Lebenslicht aus, und das nicht etwa in irgendeinem abgelegenen Winkel, sondern in dem nämlichen Hause, an dessen Schwelle man soeben diese grausige Nachricht vernahm. Die wilde Erregung und der ungeheure Tumult der nun folgenden Szene lässt sich nach den spaltenlangen Zeitungsberichten jener Tage nur noch mit einem einzigen Ereignis vergleichen, nämlich mit der Freisprechung der sieben Bischöfe zu Westminster im Jahre 1688; allerdings mit dem Unterschied, dass jetzt nicht jubelnde Begeisterung sondern glühender Rachedurst sich Luft machte. Der unersättliche Schrei nach Vergeltung, der sich anfänglich nur in der betreffenden Straße selbst, dann aber – wie durch ein magnetisches Fluidum fortgepflanzt, auch in den angrenzenden Straßen erhob, wird am anschaulichsten durch Shelleys Verse wiedergegeben:

Ein Freudentaumel rast durch das Gewimmel,
Reißt mit sich fort die angstbefreiten Massen;
Und selbst, wo – teilnahmslos in dem Getümmel –
Ein Sterbender verschmachtet auf den Gassen,
Von jeder Hoffnung, jedem Trost verlassen,
Vermag sein Ohr jetzt doch, als letzten Klang
Die frohe Rettungsbotschaft noch zu fassen,
Die weiter eilend, Straß' um Straß' entlang,
In jeder Brust ein jauchzend Echo weckt. [82]

Ja, es war in der Tat etwas seltsames um jenen einstimmigen Racheschrei gegen den furchtbaren Dämon, der zwölf Tage lang die gesamte Bevölkerung geängstigt und in Atem gehalten hatte. Wie auf Kommando öffneten sich in allen Häusern Fenster und Türen; einzelnen Ungeduldigen dauerte der normale Weg über die Treppen zu lange, und sie sprangen daher kurzerhand aus den Fenstern der niedrigeren Stockwerke auf die Straße. Kranke erhoben sich von ihrem Schmerzenslager, ja, ein Sterbender sogar, dessen Ableben man stündlich erwartete und der auch tatsächlich am nächsten Tag das Zeitliche segnete, stand auf, bewaffnete sich mit einem Degen und wankte im Hemd auf die Straße. War doch jetzt die beste Gelegenheit, den Bluthund gerade bei seinen mörderischen Ausschweifungen zu überfallen und zu fangen. Wie ein Rausch kam das Bewusstsein ihrer Macht über die leidenschaftlich erregte Menge, gleichzeitig aber regte sich in den Besonnenen ein instinktives Verlangen nach energischem planmäßigem Vorgehen. Da im Innern des Mordhauses außer dem kleinen Mädchen kein lebendes Wesen mehr weilte, musste die schwere Haustür gewaltsam geöffnet werden, was mit Hilfe von Brecheisen in kurzer Zeit geschah. Wie eine Flut strömte die Menge in das verödete Haus und gehorchte nur unwillig dem beschwichtigenden Zeichen eines angesehenen Mannes, der ihr Schweigen gebot. »Still«, warnte er, »damit wir hören können, ob wir ihn oben oder unten zu suchen haben.«

Das Klirren einer Fensterscheibe im Obergeschoss bewies der lauschend Menge, dass der Mörder sich noch im Haus befinden musste, und zwar in einem der oberen Schlafzimmer. Augenscheinlich nur ungenügend bekannt mit den Räumlichkeiten des Williamson-Hauses, schien er nun irgendwo in die Enge geraten zu sein und keinen Ausweg zu finden. In rasender Wut stürmte die Menge jetzt treppauf, allein die Tür, die den Verbrecher schützte, war fest verschlossen, und noch ehe man sie eingedrückt hatte, verkündete drinnen ein lautes Klirren und Splittern, dass der Elende entkommen war.

In der ersten Hitze sprangen ein paar Verfolger ihm durch das zertrümmerte Fenster nach und fanden sich unten auf einem sehr nassen und abschüssigen Lehmdamm wieder. Tief hatten sich die Fußspuren des fliehenden Mörders in den feuchten, zähen Lehmboden gedrückt und konnten bei Fackelbeleuchtung mühelos bis auf den Grat des Abhanges verfolgt werden. Von weiterem Nachsetzen aber musste man wegen des dichten Nebels Abstand nehmen, denn schon auf zwei Fuß Entfernung vermochte man keinen Menschen mehr zu unterscheiden, geschweige denn wiederzuerkennen, wenn man ihn einmal aus dem Blick verloren hatte. So begünstigte das Geschick den Mörder in einer Weise, wie es vielleicht nur alle hundert Jahre einmal der Fall sein dürfte. Außerdem konnte der Flüchtling sich durch allerlei Verkleidungen unkenntlich machen, und an Schlupfwinkeln in der Nähe des Flusses, die ihn auf Jahre hinaus vor unliebsamen Nachforschungen schützten, war kein Mangel.

Doch dem Leichtsinnigen und Undankbaren wirft das Glück umsonst seine Gaben in den Schoß. In dieser Nacht, die für ihn zur Schicksalswende wurde, wählte Williams von allen ihm offen stehenden Wegen den allerverkehrtesten, indem er sich in unbegreiflicher Sorglosigkeit in seine alte Wohnung begab, die er von allen Zufluchtsstätten in ganz England gerade am ehesten hätte meiden müssen.

Unterdessen hatte die rachedurstige Volksmenge das ganze Grundstück abgesucht. Die erste Nachforschung galt der kleinen Enkelin, deren Zimmer Williams ebenfalls gesucht und gefunden hatte, in dem er aber augenscheinlich durch den plötzlichen Aufruhr auf der Straße überrascht worden war. Von diesem Zeitpunkt an hatte seine ganze Aufmerksamkeit sich nur auf die Fenster gerichtet, da ihm diese ganz allein noch die Möglichkeit des Entkommens boten. Und selbst diese Möglichkeit verdankte er nur dem Nebel und der Unzugänglichkeit des Grundstücks von der hinteren Front her. Das kleine Mädchen war durch den Anblick so vieler fremder Leute zu dieser ungewöhnlichen Stunde natürlich aufs heftigste erschrocken, wurde

Die Williams-Morde | 115

aber durch die verständigen Maßnahmen mitleidiger Nachbarn vor dem Anblick all des Entsetzlichen bewahrt, das sich während seines Schlafes zugetragen hatte. Nach dem armen, alten Großvater der Kleinen suchte man noch immer, bis er endlich lang ausgestreckt im Keller gefunden wurde. Augenscheinlich war er von Williams die Kellertreppe hinuntergestoßen worden und zwar mit so brutaler Gewalt, dass der Ärmste dabei ein Bein gebrochen hatte. Nachdem das Opfer auf diese Weise unschädlich gemacht worden war, hatte der Mörder ihm die Kehle durchgeschnitten.

Beim Erörtern und Vergleichen all dieser Umstände wurde in den Zeitungsausgaben jener Tage viel darüber gesprochen, ob wirklich nur ein Einzelner als Täter in Betracht käme. Alle Anzeichen wiesen darauf hin. Nur *ein* Verdächtiger war im Falle Marr beobachtet worden; nur eine und zweifellos dieselbe Person hatte der junge Reisende in Williamsons Wohnzimmer gesehen, und nur von einer Person rührten die Fußspuren auf dem Lehmabhang her. Allem Anschein nach hatte die Untat sich in folgender Weise abgespielt: Der Mörder betrat das Gastzimmer und bestellte Bier, worauf der alte Mann in den Keller ging, um das Verlangte heraufzuholen. Diesen Augenblick hatte Williams nur abgewartet, um in der oben geschilderten Weise mit großem Krach die Haustür ins Schloss zu werfen und zu verriegeln. Wie er erwartet hatte, kam Williamson bei diesem Lärm natürlich sofort in großer Erregung herauf. Der Mörder traf ihm an der Kellertreppe und stieß ihn hinunter, worauf er sein Opfer in der üblichen Weise abschlachtete. Der ganze Vorgang mochte kaum anderthalb Minuten gedauert haben, denn so viel Zeit ungefähr verfloss ungefähr zwischen jenem von dem Reisenden vernommenen Zuschlagen der Haustür, bis zu dem gleich darauf folgenden entsetzten Aufschrei des Dienstmädchens. Dass sich Mrs. Williamsons Lippen nicht gleichfalls ein Schrei entrang, hat seinen Grund hauptsächlich in der Schwerhörigkeit der alten Dame. Unbemerkt konnte der Mörder hinter sie treten und sie zu Boden strecken, ehe sie seiner gewahr wurde. Bei der Magd hatte er diesen Vorteil allerdings nicht; sie war Zeugin seines Angriffs auf ihre Herrin und stieß in ihrer Todesangst jenen furchtbaren Schrei aus.

Schon vorhin erwähnte ich, dass der Mörder des Hauses Marr fast vierzehn Tage lang völlig unbehelligt und unverdächtig blieb, das heißt, es wurde vor dem Williamsons-Mord kein Verdachtsmoment gefunden, das die Polizei oder das Publikum auf seine Spur geführt hätte. Und doch waren zwei solcher Momente vorhanden. In der Hand des Kriminalbeamten befand sich ein Gegenstand, der bei sorgfältiger Untersuchung sehr wohl einen Anhaltspunkt für die Verfolgung des Mörders geboten hätte, aber diese sorgfältige Untersuchung hatte noch immer nicht stattgefunden. Bis zum Freitag nach der Ermordung der Williamsons war die wichtige Tatsache, dass auf dem Zimmermannsbeil, das der Mörder zur Betäubung seiner Opfer benutzt hatte, die Buchstaben »J.P.« standen, noch nicht bekannt gemacht worden. Dieses Beil hatte der Mörder in unbegreiflicher Vergesslichkeit im Marrschen Hause liegen gelassen. Der brave Pfandleiher hätte also den Schurken, falls er ihm wirklich noch begegnet wäre, voraussichtlich waffenlos angetroffen. Am Freitag, dem dreizehnten Tage nach dem ersten Mord, bequemte man sich endlich dazu, diese wichtige Tatsache zu veröffentlichen, und erzielte damit sofort einen überraschenden Erfolg.

In der Stille eines einzigen Schlafzimmers in ganz London hatte sich nämlich vom ersten Augenblicke seit der Marrschen Tragödie gegen Williams ein geheimer Verdacht geregt, den seine eigene Torheit heraufbeschworen hat. Der Mörder bewohnte mit mehreren anderen Schlafgenossen verschiedener Nationalität ein gemeinsames großes Zimmer in einem Wirtshaus. Die fünf oder sechs Betten, die hier standen, waren von größtenteils anständigen und ehrenwerten Handwerkern belegt, und zwar von ein oder zwei Engländern und Schotten, ein paar Deutschen und Williams, dessen Herkunft nicht genau bekannt war. Als an jenem verhängnisvollen Sonnabend der Mörder gegen halb zwei Uhr nachts von seiner Blutarbeit heimkehrte, fand er die Engländer und Schotten bereits schlafend, die Deutschen dagegen noch wach. Einer von ihnen saß mit einer brennenden Kerze in der Hand aufrecht im Bette und las den beiden anderen etwas vor. Sofort befahl Williams in unwilligem, gebieterischem Ton: »Löscht augenblicklich das Licht aus! Sollen wir etwa alle in unseren Betten verbrennen?« Wären er den Engländern gegenüber in dieser Weise aufgetreten, so hätten sie ihm für seine Anmaßung sich gehörig Bescheid gesagt, Deutsche aber sind im Allgemeinen friedfertig und nachgiebig und gehorchten ihm daher auf der Stelle. Insgeheim natürlich wunderten sie sich, worin denn eigentlich die Gefahr bestehen sollte, da die Fenster keine Vorhänge hatten und übereinander geschichtetes Betttücher genau so schlecht Feuer fangen wie die Blätter eines geschlossenen Buches. Infolgedessen drängte sich ihnen unabweisbar die Vermutung auf, Mr. Williams müsste an diesem Abend wohl begründete Ursache haben, das Licht zu scheuen, und als am nächsten Morgen die Kunde von den Vorgängen der Nacht natürlich auch in dieses, kaum eine Viertelstunde von dem Marrschen Laden entfernte Haus drang, da wuchs jene Vermutung sich zu einem schrecklichen Verdacht aus, der auch den anderen Zimmergenossen mitgeteilt wurde. Freilich waren sich alle der Gefahr bewusst, die nach englischem Recht jeder Ankläger läuft, der seine Anschuldigungen nur auf einen unbestimmten Verdacht und nicht auf vollgültige Beweise zu stützen vermag. Und diese Beweise hätte Williams mit größter Leichtigkeit aus der Welt schaffen können, wenn er nach vollbrachter Tat die paar Schritte bis zum Themseufer hinuntergegangen wäre, um die beiden Mordinstrumente ins Wasser zu werfen. Bei Beachtung dieser eigentlich ganz selbstverständlichen Vorsicht hätte auch nicht der Schatten eines Beweises gegen ihn erbracht werden können, und es wäre ihm ein Leichtes gewesen, sich nach dem Muster Courvoisiers (des Mörders von Lord William Russell) jeden Monat durch einen neuen, wohl überlegten Mord neue Mittel zu verschaffen. Wie schon erwähnt, waren also die Bewohner jenes Schlafsaals von seiner Schuld vollkommen überzeugt und warteten nur auf die Gelegenheit, auch andere davon zu überzeugen. Kaum war nun die wichtige Kunde von den Anfangsbuchstaben auf dem Zimmermannsbeil in die Öffentlichkeit gedrungen, so erinnerten Williams' Schlafgenossen sich sofort, dass ein rechtschaffener norwegischer Schiffszimmermann, John Petersen mit Namen, der in demselben Gasthause wohnte, augenblicklich aber auf einer Besuchsreise in seiner Heimat weilte, den Kasten mit seinem Arbeitsgerät bis zu seiner Rückkehr auf dem Dachboden des Wirtshauses verwahrt hatte. Sogleich wurde der Boden durchsucht, der Werkzeugkasten gefunden, das Beil jedoch vermisst Zu diesem einen schwerwiegenden Verdachtsmoment gesellte sich bald darauf noch anderes, nicht minder belastendes: Die ärztliche Leichenschau der Ermordeten hatte nämlich ergeben, dass der Mörder seinen Opfern nicht mit einem gewöhnlichen Rasiermesser die Kehle durchschnitten hatte, sondern mit einem ganz anders gestalteten Instrument, und man besann sich, bei Williams vor kurzer Zeit ein geliehenes, höchst eigenartig geformtes, französisches Messer gesehen zu haben. Bei weiterem Suchen entdeckte man in einem Haufen alter Lumpen eine Weste, die das ganze Gasthaus auf der Stelle als Williams' Eigentum erkannte, und in der Tasche dieser Weste fand sich, zwischen Oberstoff und Futter versteckt, das bewusste Messer. Ferner war jedem der Hausgenossen bekannt, dass Williams zurzeit ein Paar knarrende Schuhe und einen mit Seide gefütterten Überzieher trug. Weiterer Beweise bedurfte es kaum, und so wurde der Mörder noch an demselben Tage, einem Freitag, verhaftet und einem kurzen Verhör unterworfen.

Am folgenden Morgen, vierzehn Tage nach dem ersten Mord, wurde er von neuem dem Untersuchungsrichter vorgeführt. Doch vermochte das gegen ihn vorgebrachte Beweismaterial ihn nicht aus seiner vorsichtig abwartenden Haltung herauszulocken. Natürlich wurde er trotzdem in Haft gehalten, um beim nächsten Schwurgerichtstermin überführt und verurteilt zu werden. Bei seinem Transport in das Untersuchungsgefängnis

Die Williams-Morde | **119**

wäre er, wie man sich wohl denken kann, sicherlich der Volkswut zum Opfer gefallen, wenn man nicht durch ein starkes
Polizeiaufgebot dafür gesorgt hätte, dass er heil und unversehrt
den Kerker erreichte. In jenem Gefängnis herrschte damals die
Bestimmung, dass die Gefangenen der Kriminalabteilung schon
um fünf Uhr nachmittags ohne Licht in ihre Zellen eingeschlos-
sen wurden. Vierzehn Stunden also, nämlich bis sieben Uhr
früh, blieben sie dort in völliger Dunkelheit sich selbst über-
lassen – Zeit genug für Williams, um Selbstmord zu begehen.
Großen Spielraum in der Wahl der Mittel hatte er freilich nicht,
und so erhängte er sich, wahrscheinlich gegen Mitternacht, mit
seinen Hosenträgern an einer Eisenstange, die allem Anschein
nach zum Anbringen einer Lampe bestimmt war. Fast zu derselben Stunde also, in der er vor vierzehn Tagen die unglückliche
Familie Marr hingeschlachtet hatte, musste er nun selbst den
bitteren Todeskelch leeren, den seine eigene verruchte Hand
ihm reichte.

Der Fall M'Keans

Auch der Fall M'Keans, auf den ich weiter oben besonders hinwies, verdient es, seiner düster malerischen Begleitumstände halber, dass man sich seiner genauer erinnert. Der Schauplatz dieses Mordes war ein ländliches Wirtshaus, wenn ich mich recht entsinne, in der Gegend von Manchester. Gewöhnlich pflegen derartige Lokale an besuchten und belebten Plätzen zu liegen, da sie sich sonst kaum rentieren würden. In jenem Falle lag das Haus jedoch ziemlich einsam, ja, sogar außer Rufweite, sodass bei einem Verbrechen jede Hilfe von Nachbarn so gut wie ausgeschlossen war. Andererseits aber war die weitere Umgebung des Gasthauses dicht bevölkert, daher hielt ein Wohltätigkeitsverein seine regelmäßigen Zusammenkünfte hier ab und ließ den klingenden Erfolg seiner Sammlungen unter der Obhut des Wirtes im Vereinszimmer zurück. Erst wenn die Summe sich ungefähr auf fünfzig bis siebzig Pfund belief, wurde sie einer Bank übergeben; es lohnte sich also schon, in dem genannten Wirtshause einmal einen Einbruch zu riskieren, bei dem man ja so gut wie keine Gefahr lief.

Diese günstigen Umstände waren durch Zufall einem der beiden M'Keans zu Ohren gekommen, und zwar unglücklicherweise zu einer Zeit, als beide sich in schwerer Bedrängnis befanden. Sie waren bis jetzt ehrsame Hausierer gewesen, hatten aber durch irgendeinen kaufmännischen Umschwung ihr gemeinsames Betriebskapital bis auf den letzten Heller verloren. Dieses unverdiente Missgeschick brachte sie an den Rand der Verzweiflung, und da sie den Verlust ihres Vermögens einer großen sozialen Katastrophe zuzuschreiben hatten, so machten sie auch die Gesellschaft für diesen Verlust haftbar. Daher erschien ihnen der geplante Raub nur als ein Akt ausgleichender Gerechtigkeit, denn das Geld, das sie sich aneignen wollten, war ja in gewissem Sinne öffentliches Eigentum, weil es das Ergebnis verschiedener Sammlungen war. Bei dieser fein ausgedachten Logik übersahen die beiden Spießgesellen jedoch, dass sie für die Mordtaten, mit denen sie ihre räuberische Eigenhilfe einzuleiten gedachten, keine solchen spitzfindigen Entschuldigungsgründe geltend machen konnten.

Da sie es nur mit einer einzigen, anscheinend hilflosen Familie zu tun hatten, verließen sich die jungen, achtundzwanzig und zweiunddreißig Jahre alten Männer ausschließlich auf ihre Muskelkraft. Von untersetztem, gedrungenem Körperbau, breitschultrig und von stattlichem Brustumfang, boten sie von ihrer äußerlichen Gestalt her ein so vollkommenes Bild körperlichen Ebenmaßes, dass ihre Leichen nach erfolgter Hinrichtung in einer im Manchester Krankenhaus veranstalteten Ausstellung von den Ärzten als Wunder der Anatomie bestaunt wurden.

Die Bewohner des Wirtshauses bestanden aus vier Personen: Erstens dem Wirt, einem stämmigen Landmann, den die beiden Räuber jedoch durch einen in der Verbrecherwelt soeben neu aufgetauchten Trick unschädlich zu machen gedachten, nämlich durch narkotisieren, in dem sie die Getränke ihres Opfers heimlich mit Opiumtinktur vermischten; zweitens, der Frau des Wirts, drittens einem jungen Dienstmädchen; viertens einem zwölf- bis vierzehnjährigem Knaben.

Für die Verbrecher war nun die Gefahr nicht ausgeschlossen, dass zum Mindesten eine der vier Personen durch einen Nebenausgang des Hauses entkommen und – unterstützt durch ihre bessere Ortskenntnis – aus den nächstliegenden Häusern Hilfe herbeiholen könnte. Die Räuber konnten daher ihren Plan nicht in allen Einzelheiten ausarbeiten, sondern mussten im gegebenen Moment so handeln, wie der Augenblick es gebot. Da sie jedoch vereinbart hatten, sich gegeneinander wie völlig Fremde zu benehmen, und sich daher, ohne Verdacht zu erregen, in

Gegenwart der Wirtsfamilie nicht miteinander verständigen konnten, so mussten sie ihren Plan wenigstens in großen Umrissen festlegen, sonst wäre der Erfolg vielleicht infrage gestellt worden. *Einen* Mord hatten sie bestimmt in Rechnung gezogen, im Übrigen aber wünschten sie jedes überflüssige Blutvergießen zu vermeiden.

Einzeln und zu verschiedenen Stunden stellten sie sich an dem verabredeten Tage in jenem Wirtshause ein, der eine um vier Uhr nachmittags, der andere erst um halb acht Uhr abends. Mit knapper Höflichkeit begrüßten sie einander und wechselten gelegentlich ein paar gleichgültige Worte, schienen aber beide zu einem eingehenderen Gespräch nicht aufgelegt. Mit dem Wirte jedoch, der gegen acht Uhr aus Manchester heimkehrte, ließ der eine der beiden Brüder sich in eine längere Unterhaltung ein, in deren Verlauf er ihn zu einem Glase Punsch einlud. Als der Wirt einen Augenblick das Zimmer verließ, setzte der Fremde dem Getränk rasch einen Löffel Opiumtinktur zu. Bald darauf schlug die Uhr zehn, und der ältere M'Kean verlangte, Müdigkeit vorschützend, in sein Schlafzimmer geführt zu werden, denn gleich nach seiner Ankunft hatte jeder der beiden Brüder ein Bett bestellt.

Sofort eilte das arme Dienstmädchen herbei, um ihm mit einer Kerze die Treppe hinaufzuleuchten, denn der Wirt, bei dem sich die Wirkung des Betäubungsmittels bereits äußerte, hatte sich in ein neben der Gaststube liegendes Privatzimmer zurückgezogen, um sich dort ein wenig auf das Sofa zu legen. Zum Glück für seine eigene Sicherheit war er also augenblicklich vollkommen außer Gefecht gesetzt. Die Wirtin bemühte sich um ihren Mann, und so blieb der jüngere M'Kean ganz allein im Gastzimmer. Leise schlich er sich an den Fuß der Treppe, um die etwa von oben Herunterflüchtenden aufzuhalten. Unterdessen hatte das Dienstmädchen den Gast in ein Zimmer mit zwei Betten geleitet, deren eins schon von einem Knaben besetzt war, während sich die beiden Fremden nach Belieben das andere teilen mochten, wie sie sagte. Dann reichte sie dem Gast die Kerze, die er rasch auf den Tisch stellte, um dem Mädchen den Weg zu vertreten und die Arme um den Hals zu schlingen, als wollte er sie küssen. Da solche Annäherungsversuche aber allem Anschein nach nicht ihr Geschmack waren, so sträubte sie sich, gegen seine Umarmung. Wer beschreibt jedoch ihr furchtbares Entsetzen, als sie die verräterische Hand, die sich soeben noch scheinbar zärtlich um ihren Nacken gelegt hatte, nun mit einem Rasiermesser bewaffnet sah, das ihr mit einem Ruck die Kehle durchschnitt. Sie hatte kaum noch Zeit, einen Schrei auszustoßen, ehe sie wie vom Blitz getroffen zusammenbrach.

Der einzige Zeuge dieser Schreckenstat war der Knabe, der nicht schlief, aber genug Geistesgegenwart besaß, sofort die Augen zu schließen. Hastig trat der Mörder an sein Bett, um den Gesichtsausdruck des Schlummernden zu prüfen, und misstrauisch die Hand auf dessen Brust zu legen, um an etwa beschleunigten Herzschlägen Angst oder Aufregung zu erkennen. Das war ein kritischer Moment für den Knaben, dessen Verstellung ohne Zweifel sofort entdeckt worden wäre, wenn nicht in diesem Augenblick ein grässliches Schauspiel die Aufmerksamkeit des Mörders auf sich gelenkt hätte.

In grausigem Schweigen erhob nämlich die Ermordete sich im Todeskampf noch einmal vom Boden, stand einige Sekunden aufrecht und wankte dann zur Tür. Sofort stürzte sich der Mörder von neuem auf sie, während der Knabe blitzschnell die Gelegenheit wahrnahm und mit einem Satz aus dem Bett zur Tür sprang. Dass er auf diese Weise den Mördern entgehen könnte, von denen sich der eine oben aufhielt und der andere die unterste Treppenstufe besetzt hielt, schien freilich ausgeschlossen. Und dennoch geschah dieses Wunder auf eine höchst einfache und natürliche Art. In seiner Todesangst hatte nämlich der Knabe die Treppenbrüstung gepackt, sich mit einem tollkühnen Satz hinübergeschwungen und war so am Geländer entlang an dem älteren M'Kean vorüber geglitten, ohne eine einzige Stufe berührt zu haben.

Unten hatte inzwischen der Aufschrei des Mädchens die Wirtin herbeigerufen, die dem jüngeren Bruder in die Hände gefallen war und jetzt auf Leben und Tod mit ihm rang, sodass der Junge auch an dem zweiten Mörder ungefährdet vorbeikam. Glücklich erreichte er die Küche, aus der eine nur mit einem Riegel verschlossene Hintertür ins Freie führte.

In diesem Augenblick aber wurde der ältere M'Kean durch den Tod des armen Mädchens in den Stand gesetzt, die Verfolgung des Fliehenden aufzunehmen. Zweifellos hatte dem schon halb umnachteten Geist der Ermordeten das Bild einer Klubsitzung vorgeschwebt, wie sie wöchentlich einmal in dem Gasthaus stattfand; und um Hilfe und Rettung herbeizurufen, war sie in das Vereinszimmer gewankt, auf dessen Schwelle sie dann sterbend zusammenbrach. So konnte nun der Mörder, der ihr auf dem Fuße gefolgt war, sofort dem Knaben nachsetzen, durch dessen Entkommen der ganze Erfolg des verbrecherischen Unternehmens in Frage gestellt worden wäre. Er überließ daher die Überwältigung der Wirtin seinem Bruder allein und stürzte durch die offene Tür ins Freie, denn schon in der nächsten Sekunde konnte es zu spät sein.

Dem Jungen hatte unterdessen sein gesunder Menschenverstand gesagt, dass es aussichtslos für ihn sei, einem jungen, kräftigen Manne durch Laufen zu entkommen, und er hatte sich daher Hals über Kopf in den ersten besten Graben gestürzt. Hätte nun der Mörder sich Zeit gelassen, diesen Graben einer genaueren Prüfung zu unterziehen, so wäre ihm der Knabe, den sein weißes Nachthemd weithin kenntlich machte, sicher nicht entgangen. Doch raubte das spurlose Verschwinden des Flüchtlings dem Verbrecher alle kaltblütige Überlegung, und jede verrinnende Sekunde vergrößerte noch seine Kopflosigkeit. Schon in den nächsten fünf Minuten konnte nämlich der Knabe, falls er wirklich die Nachbargehöfte erreicht hatte, die Verfolger auf ihre Spur hetzen, und dann wäre es den beiden Mördern bei ihrer Unkenntnis der Feldwege wahrscheinlich unmöglich gewesen, unbehelligt zu entkommen.

Nichts blieb daher übrig, als seinen Bruder sofort von der drohenden Gefahr zu verständigen und danach schleunigst mit ihm das Weite zu suchen. So kam es, dass die Wirtin, obgleich schwer verletzt und verstümmelt, noch mit dem Leben davonkam und sich später wieder erholte. Auch der Wirt blieb, dank dem rechtzeitig wirkenden Betäubungsmittel unversehrt, und die fliehenden Mörder nahmen das niederschmetternde Bewusstsein mit sich, dass ihr scheußliches Verbrechen vollkommen nutzlos verübt worden war. Zwar stand ihnen der Weg in das Sitzungszimmer jetzt ungehindert offen, und vierzig Sekunden hätten vollauf genügt, die Geldkassette in Sicherheit zu bringen, um sie später in aller Ruhe aufzubrechen und zu leeren. Allein die Furcht vor den Verfolgern brachte jeden anderen Gedanken zum Schweigen, und so entflohen sie auf einem Weg, der sie in einer Entfernung von sechs Fuß an dem Knaben vorbeiführte.

Noch in derselben Nacht durchquerten sie Manchester und verbargen sich bei Tagesanbruch in einem Dickicht, das von dem Schauplatz ihres Verbrechens schon zwanzig Meilen entfernt lag. Während der zweiten und dritten Nacht setzten sie zu Fuß ihre Flucht fort und rasteten nur am Tage. Am vierten Morgen erreichten sie bei Sonnenaufgang ein Dorf in der Nähe von Kirby Lonsdale in Westmoreland, mussten also von ihrer eigentlichen Wegrichtung abgewichen sein, denn ihr ursprüngliches Ziel war ihre Heimatprovinz Ayrshire, wohin der direkte Weg über Shap, Penrith und Carlisle führte. Wahrscheinlich fürchteten sie die Steckbriefe mit ihrer Personenbeschreibung, die in den verflossenen vierundzwanzig Stunden sicherlich durch die Post über alle Wirtshäuser und Herbergen verbreitet waren. Daher trennten sie sich auch an dem erwähnten Morgen und betraten das Dorf nicht gleichzeitig. Erschöpft und fußkrank, wie sie waren, hatte man jetzt leichtes Spiel mit ihnen. Ein Grobschmied, dem sie aufgefallen waren, verglich ihr Äußeres mit der Beschreibung des Steckbriefes und erkannte sie sofort. Mühelos wurden sie eingeholt und einzeln verhaftet, worauf auch sehr bald in Lancaster die Verhandlung gegen sie stattfand. Beide wurden zum Tode verurteilt und kurze Zeit darauf hingerichtet. Eigentlich hätten ihnen mildernde Umstände zugebilligt werden müssen, denn obwohl es ihnen bei der Durchführung ihres Planes auf einen Mord mehr oder weniger nicht ankam, hatten sie sich doch nach Kräften bemüht, unnötiges Blutvergießen zu vermeiden. Welch ein Unterschied also zwischen ihnen und dem Scheusal Williams.[83]

Sie sühnten ihr Verbrechen auf dem Schafott, während Williams, wie ich bereits erwähnte, durch Selbstmord endete. Den Gepflogenheiten jener Tage entsprechend durchbohrte man sein Herz mit einem Pfahl und bestattete ihn am Knotenpunkt eines Kreuzweges (in diesem Fall dem Treffpunkt von vier Londoner Straßen), und über seinem Grabe braust und brandet unaufhörlich das rastlose Leben der Großstadt!

Anmerkungen des Herausgebers

Die nachfolgenden Anmerkungen stammen von dem Herausgeber der klassischen Quincey-Ausgabe *The Collected Writings of Thomas de Quincey by David Masson, emeritus professor of english literature in the university of Edinburgh.*

[1] Dieser erste Abschnitt der Artikelserie, die jetzt den Sammeltitel *Der Mord als eine schöne Kunst betrachtet* trägt, wurde 1827 im Februarheft von *Blackwood's Magazine*, derselben Nummer, die auch de Quinceys Aufsatz *Kants letzte Tage* enthielt, veröffentlicht. Mit einigen Abänderungen erschien jener erste Teil dann 1854 im vierten Band der Gesamtausgabe von de Quinceys Werken zusammen mit dem zweiten, ergänzenden Artikel, den unterdessen die November-Nummer des *Blackwood's Magazine* von 1839 gebracht hatte, sowie mit dem umfangreichen, die Mordartikelserie abschließenden *Postskriptum*.

[2] Diesen Untertitel schob de Quincey bei dem Neudruck 1854 ein. Im *Blackwood* begann der Artikel folgendermaßen: »An den Herausgeber von Blackwood's Magazine – Sir, wir haben wohl schon alle von einer Gesellschaft zur Förderung des Lasters gehört usw.«

[3] Bruderschaften, die unter dem zynischen Namen »Höllenfeuerklubs« auf dem Prinzip absoluter Verachtung und Verspottung der herrschenden Religion und Moral fußten und dabei – wie allgemein angenommen wurde – in schändlichen, gotteslästerlichen Orgien schwelgten, wurden am Anfang des 18. Jahrhunderts gegründet und verbreiteten sich während der nächsten 50 bis 60 Jahre wie eine Epidemie über ganz England. Einer dieser Clubs, die de Quincey in seinen Werken erwähnt, war die berüchtigte Brüderschaft der Franziskanermönche, auch Medmenham-Klub genannt, weil er seine Zusammenkünfte im Medmenhamhaus zu Buckinghamshire, einem ehemaligen Zisterzienserkloster abhielt. Zu den bekanntesten Mitgliedern dieses Klubs gehörten der Baronet Sir Francis Dashwood (seit 1763 Lord Le Despencer) und John Wilkes; doch auch der Dichter Churchill, die unbekannteren Schriftsteller Lloyd und Whithead sowie Sir John Dashwood, King Bubb Doddington und andere hatten sich dem Klub angeschlossen.

131

⁴ Christlich-römischer Schriftsteller des vierten Jahrhunderts.

⁵ Dieser Vorrede, die ursprünglich im *Blackwood* erschien, war noch eine andere, wahrscheinlich aus der Feder von de Quinceys Freund Christopher North, dem bekannten Herausgeber der Zeitschrift, stammende Anmerkung beigefügt [Anmerkung des Herausgebers: Wir sind unserem Korrespondenten für seine Aufklärungen sowie für das Zitat aus Lactantius, das zugleich seinen eigenen Standpunkt kennzeichnet, aufrichtig dankbar, stehen aber der Sache doch ein wenig anders gegenüber. Wir glauben nämlich, dass der Verfasser nachstehender Abhandlung ebenso wenig ernst zu nehmen ist wie etwa Erasmus in seinem *Lob der Torheit* oder Dekan Swift in seinem *Volksernährung durch Kinderfleisch,* halten aber die Veröffentlichung der Abhandlung von unserem beiderseitigen Standpunkt aus für durchaus wünschenswert.]Wilson scheint also nicht ganz sicher gewesen zu sein, wie das Publikum eine Schrift mit so abschreckendem Titel und so schauderhaftem Inhalt wohl aufnehmen würde. Die Bezeichnung »unserem Korrespondenten« lässt darauf schließen, dass de Quincey dem Verlag das Manuskript von Grasmere aus zugesandt haben muss.

⁶ John Williams, der Londoner Mörder von 1811. Die Schilderung seiner Morde ist im Anhang enthalten.

⁷ Der ursprüngliche Wortlaut im *Blackwood* war: »Unmoralisch! Gott sei mir gnädig, meine Herren!«

⁸ Kant – der seine Forderung unbedingter Wahrhaftigkeit so weit trieb, dass er verlangte, man müsse sogar dem Mörder den Zufluchtsort seines schuldlosen Opfers verraten, falls man danach gefragt würde, selbst wenn man bestimmt wisse, dass dadurch der Mord ausgeführt werde. Und damit man nicht etwa auf den Gedanken käme, diese These sei ihm vielleicht im Eifer des Disputierens entschlüpft, bestätigte er sie später einem französischen Schriftsteller gegenüber mit philosophischen Gründen.

⁹ In Cunninghams *Führer durch London* (1850) wird diese Gasse folgendermaßen beschrieben: »Eine hauptsächlich von Künstlern bewohnte Straße. Sir William Chambers wohnte dort im Jahre 1773, Füssli im Jahre 1804 und Opie von 1792 bis 1808. Nr. 8 war Opies Behausung, Nr. 13 diejenige Füsslis, und in Nr. 15 hatte Bone, der Emaillierer, sein Heim aufgeschlagen. Nr. 6 war die Wechselbank von Marsch, Stracey, Fauntleroy und Graham. Der Verlust, den die Bank von England durch Fauntleroys Fälschungen erlitt, belief sich auf 360 000 Pfund Sterling. Nr. 54 war (am 26. November 1810) der

Schauplatz des berühmten Berner-Street-Streiches, den Theodor Hook als junger Mann Mrs. Tottingham spielte, und der darin bestand, dass er verschiedenen Kaufleuten etwa zweihundert größere und kleinere Aufträge erteilte, die alle zu derselben Zeit, in demselben Hause und an dieselbe Person abgeliefert werden sollten. Dieser Streich ist in der »Quarterly Review« Nr. 143, S. 62 ausführlich beschrieben worden und hat seitdem viele Nachahmer gefunden.« Alles dies mag de Quincey wohl vorgeschwebt haben; auch war ihm bekannt, dass Coleridge einmal in jener Straße gewohnt hatte, und zwar – wie die Worte »vor vielen Jahren« andeuten – ungefähr zwischen 1810 und 1812.

[10] Die Stelle befindet sich im 4. Buch, Kapitel 16, und hat folgenden Wortlaut: »Unter einem vollendeten Arzt oder einem vollendeten Musiker versteht man solche Leute, die sämtliche Fertigkeiten ihres Berufes in vollkommener Weise beherrschen. Mit demselben Rechte also kann man auf dem Gebiet des Lasters von vollendeten Schmarotzern und vollendeten Dieben sprechen.«

[11] John Howship: *Praktische Winke über Indigestitionen,* 8° London 1825.

[12] George Waldron alias Barrington, der bekannteste Gentleman-Taschendieb seiner Zeit, wurde im Jahre 1790 nach Botany-Bay deportiert und starb dort 1804 als vollkommen gebesserter Mensch in ehrenwerter Stellung.

[13] »Phagozytierend«, ein griechischer Ausdruck für »fressend« oder »verzehrend«, wird heute von den Ärzten als Bezeichnung für eine gewisse Art von Geschwüren gebraucht.

[14] Bezieht sich auf ein paar merkwürdige, im Oktober-Heft des *Blackwood's Magazine* veröffentlichte Briefe Coleridges, in denen er beispielsweise die Anforderungen aufzählt, die an ein ideales Tintenfass zu stellen sind.

[15] »Molossus« bedeutet in der griechischen Prosodik einen Versfuß von drei gleich langen Silben. Der besondere Molossus, auf den de Quincey hier hinweist, steht in der *Medea* des Euripides, Zeile 293.

[16] Die Stelle steht im zweiten Teil (3. Akt) von *Heinrich VI.* und ist in doppelter Hinsicht bemerkenswert: Erstens wegen ihrer absoluten Naturtreue, obwohl der Dichter nur poetische Wirkungen zu erzielen beabsichtigte; zweitens aber wegen der unerbittlichen Bestimmtheit, mit der sie das anfangs nur leise raunende Gerücht, der mächtige Fürst und hoch stehende Staatsmann sei keines natürlichen Todes gestorben, bestätigt. Der Herzog von Gloucester, der treue Beschützer

und liebende Oheim des einfältigen, unmündigen Königs, ist tot in seinem Bett aufgefunden worden. Wodurch ist er gestorben? Hat die Hand der Vorsehung seinem Leben ein Ende gemacht? Ist er einem Meuchelmord zum Opfer gefallen? Beide Ansichten finden am englischen Hofe sofort ihre Vertreter. Der anhängliche und tief betrübte junge König kann, obwohl seine Stellung ihn eigentlich zu strikter Neutralität verpflichtet, seinen Argwohn gegen die Feinde des Herzogs nicht verhehlen, worauf der Führer der Gegenpartei, von Lord Warwick durch eifrigen Widerspruch bekämpft, sich angelegentlich bemüht, die Bedenken des Königs zu zerstreuen. »Welchen Grund, welchen zwingenden Beweis kann Lord Warwick anführen, um die Berechtigung seines ›grausen Eides‹ zu erhärten?«

»So sicher meine Seele hofft zu leben
Bei jenem furchtbar'n König, der auf sich
Den Stand der Menschen nahm, uns zu befrei'n
Von dem ergrimmten Fluche seines Vaters,
Glaub' ich, es ward gewaltsam Hand gelegt
An dieses hochberühmten Herzogs Leben.«

Anscheinend gilt Suffolks Zweifel an der Richtigkeit dieser Vermutung Lord Warwick, in Wirklichkeit aber ist er an den König gerichtet. Und Warwicks Erwiderung, der Grund, auf den er seinen Argwohn stützt, besteht in einer wuchtigen Aufzählung all der Veränderungen, die der Tod an der Person des Ermordeten verursacht hat und die untrüglich darauf schließen lassen, dass dieser Tod ein gewaltsamer gewesen sein müsse.

»Seht, sein Gesicht ist schwarz und voller Blut,
Die Augen mehr heraus, als da er lebte,
Entsetzlich starrend, dem Erwürgten gleich,
Das Haar gesträubt, die Nüstern weit vom Ringen, Die Hände ausgespreizt, wie wer nach Leben
Noch zuckt' und griff und überwältigt ward.
Schaut auf die Locken, seht sein Haar da kleben, Sein wohlgestalter
Bart verworr'n und rau,
So wie vom Sturm gelagert Sommerkorn.
Es kann nicht anders sein, er ward ermordet;
Das kleinste dieser Zeichen wär' beweisend.«

Wir dürfen bei dieser Schilderung keinen Augenblick vergessen, dass die erwähnten Anzeichen, wenn ihre Aufzählung irgendwelchen

Wert besitzen soll, mit vollster diagnostischer Schärfe beschrieben werden müssen, denn es handelt sich ja um die Feststellung des Unterschiedes zwischen natürlichem und gewaltsamem Tode. Alle Anzeichen also, die unterschiedslos sowohl der einen als der anderen Todesart eigen sind, wären hier ganz unzulänglich und fehl am Platze.

[17] Als dieses Buch geschrieben wurde (1827), teilte auch ich die allgemeine Ansicht über jene Sache. Nach eingehender Überlegung musste ich dieses gedankenlose Urteil jedoch bald widerrufen. Und heute (1854) bin ich vollkommen davon überzeugt, dass die Römer in jeder Kunst, die sie unter gleichen Vorbedingungen ausübten, genau so volkstümlich eigenartig und schöpferisch veranlagt waren wie die besten Griechen. In der Hoffnung, auch den Leser davon zu überzeugen, werde ich an geeigneter Stelle noch einmal darauf zurückkommen. Verschiedentlich schon habe ich gegen jenen veralteten Irrtum Front gemacht, der sich lediglich auf das zeitgemäße Schmarotzertum des Hofpoeten Virgil stützt. Mit der niedrigen Absicht, Augustus in seinem rachsüchtigen Trotz gegen Cicero zu bestärken und der Redensart *orabunt causas melius* (auf den Gegensatz zwischen athenischen und römischen Rednern bezogen) durchweg Geltung zu verschaffen, opferte er skrupellos die gerechtfertigten Ansprüche seiner Landsleute (vergleiche ante, Bd. X, S. 54–59).

[18] De Quincey drückt sich hier vollkommen korrekt aus. Das Wort »Mord« kam (obwohl seine Wurzel gleichzeitig in dem lateinischen »*mori* – sterben« oder »*mors-mortis* –Tod« und in dem Sanskritwort »mri – sterben« zu suchen ist) erst im Mittelalter auf dem Umweg über das Gotische in das Kirchenlatein und damit in alle romanischen Idiome Europas. »*Wasuh than sa haitana Barabbas mith thaim mith imma drobyandam gabundans, thaici in auhyodan maurthr gatawidedun*« heißt es im Markus-Evangelium XV, 7 der gotischen Bibelübertragung des Ulfilas; und obwohl wir hier eine Schriftprobe der Donaugoten aus dem Jahre 360 vor uns haben, lässt sich die Sprachverwandtschaft dieser Bibelstelle mit dem betreffenden Abschnitt unsrer englischen Bibel nicht leugnen: »Es war aber einer, genannt Barabas, gefangen mit den Aufrührerischen, die im Aufruhr einen Mord begangen hatten.« Ich glaube kaum, dass ein noch älteres Beispiel des gotischen Substantivs *maurthr* (*murther,* Mord) existiert; und ich habe sogar in der neuesten Ausgabe des großen Wörterbuches über mittelalterliches Latein von Du Cange in dem Abschnitt über das Wort »Mord« keinen Hinweis darauf gefunden. Allerdings wird hier der gotische Ursprung des Wortes in der ziemlich allgemein gehaltenen Erklärung

angedeutet, es stamme aus dem »sächsischen« *morth* und bedeute Tod oder Blutbad (*ex Saxonico morth*)*;* und in fünf wortreichen Spalten wird hierauf auseinander gesetzt, wie die mittelalterlichen Lateiner sich dieses *morth* oder *moroth* allmählich aneigneten, indem sie es zuerst in seiner ungeschlachten Urform ihren lateinischen Texten einverleibten, schließlich aber keck in *murdrum* oder *murtrum* latinisierten und sich in den Ableitungen *murtricium, murdificatio, murdredum, murdrare, murdrire, murdrator, murdritor* usw. einen ganzen stammverwandten Wortschatz schufen. Aus dem Lateinischen gelangte das Wort natürlich mit Leichtigkeit in die romanischen Sprachen, vgl. das französische *meurtre* und *meurtrir.* Da aber die verschiedenen teutonischen Völkerschaften das gotische Wort in dieser oder jener Form in ihren Sprachschatz aufgenommen hatten: vergleiche das angelsächsische *morth* (Tod), *morthor* (gewaltsamer Tod), das deutsche »Mord – morden – Mörder«, so ist ihr Anspruch an jenen Ausdruck ohne Zweifel berechtigter. Ob freilich das im Frühenglisch nach der Eroberung so allgemein bekannte *morthre* oder *mordre* (später *murther* oder *murder)* wirklich das heimische, alt-angelsächsische *morth* bzw. *morthor* war oder vielleicht – entweder direkt oder auf dem Umwege über das Normannisch-Französische – dem mittelalterlichen Latein entnommen ist, bleibt zweifelhaft. *Murther* mit dem th-Laut scheint die ursprüngliche englische Form, die auch in der ersten Shakespeare-Ausgabe vorherrscht, zu sein, obwohl die neueren Herausgeber durchweg *murder* dafür setzen.

19 Chaucers Erzählung der Äbtissin in seiner *Canterbury Tales* schildert das Schicksal eines kleinen Christenknaben in einer asiatischen Stadt, den die Juden ermordet haben sollten, weil er auf seinem Schulwege immer die christliche Hymne *»O Alma Redemptoris Mater«,* zu singen pflegte. Die Äbtissin schließt ihre Erzählung mit dem Hinweis auf die gleichartige englische Legende von dem jungen »Hugh of Lincoln«, den aus ähnlichen Gründen ein paar Juden am Kreuze zu Tode gemartert haben sollen. Der zeitgenössische Geschichtsschreiber Matthew Paris, der dieses Ereignis als wirklich geschehen berichtet, verlegt es in das Jahr 1255 und fügt hinzu, dass im folgenden Jahre eine Anzahl Juden wegen jenes Verbrechens in London hingerichtet wurden. Auf ihre Untat beziehen sich die Worte der Äbtissin:

>»O junger Hugh von Lincoln, du auch bist
>Von den verruchten Juden, wie bekannt,
>Erschlagen worden erst vor kurzer Frist.«

20 »O Jemine!« ist eine Abschwächung in der Ausgabe von 1854 gegen den ursprünglichen Ausruf: »Herr des Himmels!« in der Ausgabe von 1827. In der Zwischenzeit hatte sich nämlich der Geschmack gerade in solchen Dingen bedeutend verfeinert.

21 Der Name »Der Alte vom Berge«, – auf Arabisch *Sheikh-al-jibal,* Fürst der Berge – war nicht etwa die Bezeichnung für eine Einzelperson, sondern vielmehr der Titel einer Reihe von Häuptlingen, die von 1090 bis 1258 über eine kriegerische, fanatische mohammedanische Sekte herrschten. Diese nannte sich die »Assassinen« und war über ganz Persien und Syrien verbreitet, hatte aber in gewissen Gebirgszügen ihre Hauptquartiere. Obgleich nun kein Zweifel darüber besteht, dass die Worte *assassin* und *assassination* als Bezeichnungen für Meuchelmord, und zwar besonders durch Erdolchen, sich auf die berüchtigten Gebräuche jener alten persischen und syrischen Sekte bezieht, so steht doch die Etymologie des Namens »Assassinen« selbst noch keineswegs fest. Skent erklärt ihn einfach durch das arabische *hashishin,* Haschischtrinker, und stützt sich dabei auf die Tatsache oder Vermutung, dass die Bevollmächtigten des Alten vom Berge sich auf ihren Mordzügen mit Haschisch oder indischem Hanf zu berauschen pflegten.

22 Diese drei Morde sind eine Einschaltung in die Ausgabe von 1854.

23 Die chronologische Aufeinanderfolge der von de Quincey aufgezählten Morde ist folgende: 1. Wilhelm von Oranien, 10. Juli 1584, 2. Heinrich, Herzog von Guise, 23. Dezember 1588, 3. Heinrich III., 2. August 1589, 4. Heinrich IV. von Frankreich, 14. Mai 1610, 5. George Villiers, Herzog von Buckingham, 23. August 1628, 6. Schwedenkönig Gustav Adolf, 1632, 7. Wallenstein 25. Februar 1634

24 Locke, geb. 1632, gest. 1704. Dies ist nicht die einzige Stelle in de Quinceys Werken, an der er seiner Abneigung gegen Lockes Persönlichkeit und Philosophie Luft macht.

25 Dasselbe Argument wird sehr häufig auch anderen Persönlichkeiten zugeschrieben. So soll einige Jahrhunderte früher ein französischer Dauphin, den man auf die Gefahr einer Blatternansteckung aufmerksam machte, an seine Umgebung die nämliche Frage gerichtet haben: »Hat man je davon gehört, dass ein Dauphin an den Blattern gestorben ist?« Nein, man hatte in der Tat noch nie davon gehört, was aber durchaus nicht verhinderte, dass jener Dauphin an den Blattern starb.

26 »D. 1. Juni 1675. – Heute habe ich drei Glas Punsch getrunken (ein mir ganz neues Getränk)«, sagt der Rev. Mr. Henry Teonge in seinem von C. Knight veröffentlichten Tagebuch. Und in einer Fußnote wird auf Fryers *Reise nach Ostindien im Jahre 1672*, Bezug genommen, worin der Verfasser von »jenem entnervenden Getränk« spricht, das den Namen »paunch« (der hindustanische Ausdruck für »fünf«) führt, weil es aus fünf Ingredienzien zusammengesetzt ist. In dieser Art der Zubereitung schienen die Mediziner es »Diapente« zu nennen, während es – nur aus vier Bestandteilen hergestellt – die Bezeichnung »Diatessaron« führte. Dieser ehrwürdige Name mag es dem Rev. Mr. Teonge auch wohl empfohlen haben.

27 Das englische Parlament, das Karl I. nach elfjähriger parlamentsloser Regierung am 13. April 1640 berief, um aus seinen Schwierigkeiten mit den schottischen Presbyterianern herauszukommen. Da es sich ihm jedoch nicht willfährig erwies, löste er es schon nach drei Wochen, am 5. Mai, wieder auf, weshalb es in der englischen Geschichte unter dem Namen »Das kurze Parlament« bekannt ist.

28 Am 3. November 1640.

29 John Dennis, literarischer Kritiker, geboren 1657, gestorben 1734.

30 »Dann gedachte ich an Dorislaus und Ascham, und bleiche Furcht überkam mich, als sei ich geächtet.« Das Zitat stammt aus Hobbes' in Elegieform geschriebener Autobiografie, die im Dezember 1679, ungefähr 3 Wochen nach seinem Tode, veröffentlicht wurde. Dr. Isaac Dorislaus, ein in England naturalisierter Holländer, der bei der Gerichtsverhandlung gegen Karl I. als Vertreter der Anklage fungiert hatte, wurde als erster Gesandter der englischen Republik nach dem Haag geschickt, dort aber gleich nach seiner Ankunft (am 3. Mai 1649) von verbannten Royalisten in seinem Gasthaus ermordet. Anthony Ascham, republikanischer Gesandter in Madrid, hatte im folgenden Jahre ein ähnliches Schicksal, denn auch er wurde von royalistisch gesinnten englischen Flüchtlingen am 27. Mai 1650 ermordet.

31 Thomas Tenison, geboren 1636, wurde 1694 Erzbischof von Canterbury und starb im Jahre 1715.

32 Eine von Hobbes ersten Veröffentlichungen war ein lateinisches Gedicht, »De Mirabilibus Pecci« (»Bergwunder«), das im Jahre 1636, als der Verfasser in seinem 48. Lebensjahr stand, seinen Erstdruck und im Jahre 1666 eine Neuauflage erlebte.

³³ Chatsworth war damals, wie auch heute noch, die Residenz des vornehmsten Zweiges der Cavendish, der damaligen Grafen und heutigen Herzöge von Devonshire. Es gereicht dieser Familie zu besonderer Ehre, dass sie zwei Generationen hindurch Hobbes eine Zufluchtsstätte gewährte. Merkwürdig ist, dass dieser Philosoph gerade im Jahre der spanischen Armada (also 1588) geboren wurde und zwar, wie ich glaube, am 5. April, dem Karfreitag jenes Jahres. Bei seinem Zusammentreffen mit Tenison im Jahre 1670 muss er also ungefähr 82 Jahre alt gewesen sein.

³⁴ Sextus Roscius, ein begüterter Bürger aus Amerika, der oft Rom besuchte, wurde dort, als er gerade von einem Gastmahl zurückkehrte, in der Nähe der Palatinischen Bäder ermordet. Die beiden Mörder, seine eigenen Verwandten, klagten, um den Verdacht von sich abzuwälzen und sein Vermögen in ihren Besitz zu bringen, seinen Sohn, der gleichfalls den Namen Sextus Roscius führte, des Vatermordes an. Die Verteidigung dieses Jünglings war Ciceros erste rednerische Leistung vor Gericht, deren Erfolg die Freisprechung des Angeklagten war.

³⁵ Berkeley befand sich im Jahre 1713, als er 28 Jahre alt und ein jüngeres Mitglied des Trinity College in Dublin war, zweifellos auf einer Besuchsreise nach Paris. In einem vom 25. November 1713 aus Paris datierten Brief schreibt er: »Morgen beabsichtige ich, Pater Malebranche zu besuchen und mit ihm über gewisse Punkte Rücksprache zu nehmen.« Ob Berkeley sein Vorhaben ausführte, weiß man nicht; jedenfalls ist es nicht dieser Besuch, auf den de Quincey Bezug nimmt, sondern ein zweiter im Oktober 1715. Am 13. dieses Monats starb Malebranche im 77. Lebensjahre, und zwar, wie Berkeleys im Jahre 1776 veröffentlichte Lebensbeschreibung berichtet, infolge jenes Besuches. »Berkeley fand den genialen Pater in seiner Zelle damit beschäftigt in einem kleinen Tiegel eine Arznei gegen Lungenentzündung zu kochen, an der er damals gerade litt. Naturgemäß kam die Unterhaltung der beiden auch auf Berkeleys philosophisches System. Leider aber wurde diese Gesprächswendung dem armen Pater verhängnisvoll, denn in der Hitze des Wortgefechtes ließ er seinem echt französischen Temperament so sehr die Zügel schießen, dass er sich infolge der Erregung eine Verschlimmerung seines Leidens zuzog, der er schon nach wenigen Tagen erlag.« Diese oft zitierte Stelle stammt aus Professor Campbell Frasers *Berkeley Leben und Briefe*, 1871.«

³⁶ Dr. Samuel Parr, geboren 1747, starb 1825. Siehe in Band V de Quinceys langen Artikel über *Dr. Samuel Parr*.

37 »Spitalpredigten«. – Dr. Parrs wichtigste Werke bestanden in Predigten zum Besten eines Krankenhauses, das als offizielle Bezeichnung noch den alten Titel »Spital« führte; aus diesem Grunde wurden jene Reden allgemein »Spitalpredigten« genannt.

38 Am 17. Oktober 1678 fand man in einem Graben am Fuße des nördlich von London gelegenen Primrose Hill den von einem Degen durchbohrten Körper eines Ermordeten, dessen Gesicht durch Wunden entstellt war und der am Halse Strangulationsmerkmale aufwies. Es stellte sich heraus, das der Tote ein Richter aus Westminster, Sir Edmundbury Godfrey, war, der in Green's Lane, Strand, wohnte und seit mehreren Tagen vermisst wurde. Man schloss aus dem Tatbestand, dass er in London in der Nachbarschaft des Strand erdrosselt und seine Leiche nach dem Fundort geschleppt worden sei. Da nun ein merkwürdiger Zufall wollte, dass der Ermordete gerade der Richter war, vor dem Titus Oates am 27. des vorhergehenden Monats seine erste Zeugenaussage über die große papistische, sowohl London wie überhaupt den ganzen Staat aufs schwerste gefährdende Verschwörung gemacht hatte, so bezeichnete das Gerücht augenblicklich die Katholiken als Urheber des Mordes. Während der ganzen, langwierigen und maßlosen »Weg-mit-dem-Papsttum«-Bewegung, die darauf einsetzte, wurde der Mord an Sir Edmundbury Godfreys, jenes »Märtyrer des Protestantismus«, wie man ihn zu nennen pflegte, weidlich ausgenutzt, um die Wut des Volkes zu schüren.

39 In freier Übersetzung lautet der Vers etwa: »Wenn es nur genug Mäzene gäbe, würde es auch an Vergils nicht fehlen.«

40 Dies ist nicht das einzige Mal, dass de Quincey die Geschichte des berühmten Mordes in Bristol erzählt. Ein ausführlicherer Bericht befindet sich in einem Kapitel seiner Autobiografie in Band I, S. 386–393.

41 Es handelt sich hier um Mary Blandy, die am 6. April 1752 hingerichtet wurde, weil sie ihren Vater, einen angesehenen Anwalt in Henley-on-Thames, mit einem Pulver, das sie von ihrem schurkischen Liebhaber erhielt, vergiftet hatte.

42 Captain Donnellan und Sir Theodosius (nicht Theophilus) Boughton bilden ein und denselben Fall – in dem Donnellan der Mörder und Boughton das Opfer war. Jener, ein abgedankter Militär, hatte im Jahre 1777 die einzige Schwester des Sir Theodosius, eines jungen Edelmannes aus Warwickshire, geheiratet. Da ihr, falls der Bruder starb, dessen Besitztümer zufielen, vergiftete Donnellan seinen Schwager bei einem Aufenthalt in dessen Hause dadurch, dass er ihm heimlich »Lorbeerwasser« in seine Arznei goss. Nach der gerichtlichen Verhandlung im März 1781 wurde Donnellan am 2. April des nämlichen Jahres in Warwick gehenkt.

[43] Ein Bericht über diesen Fall befindet sich in der Nachschrift.

[44] Eine ausführliche Beschreibung der Williams-Morde befindet sich in der Nachschrift.

[45] Am Freitag, den 24. Oktober 1823, vernahm etwa um acht Uhr abends ein Farmer in Butlers Green, einer im südlichen Hertfordshire gelegenen Ortschaft auf dem Gills-Hill Lane genannten in der Nähe vorüberführenden Landweg das Rollen eines Gefährtes »und kurz darauf den Knall einer Pistole, dem lautes Stöhnen folgte«. Zwei Arbeiter, die am folgenden Morgen die Pistole unter der Hecke am Wegsaum fanden, meldeten, dass sie bei Tagesanbruch zwei Personen an der betreffenden Stelle gesehen hätten, wie sie nach etwas suchten. Nachdem die Aussage der beiden Arbeiter noch von anderer Seite beglaubigt wurde, suchte man zwei oder drei Tage später einen mehrere Meilen entfernten morastigen Teich ab und fand dort eine mit Steinen beschwerte Leiche, deren Beine zusammengeschnürt waren und deren Kopf mit durchschnittener Kehle und zertrümmertem Schädel in einem Sack steckte. Der Tote war, Mr. William Weares, ein besessener Spieler, der gewöhnlich in Lyon's Inn, Strand in London logierte.

Als Anstifter des Mordes verhaftete man den Besitzer einer Spielhölle in Manchester Buildings, Westminster, namens John Thurtell, der einer achtbaren Norwicher Familie entstammte. Außer ihm selbst wurden noch zwei seiner Freunde in Haft genommen: ein gewisser Joseph Hunt, der Sänger und gleichzeitig Inhaber eines Kaffeehauses in London war, und William Probert, ein ehemaliger Weinhändler, der Bankrott gemacht und sich nach Hertfordshire zurückgezogen hatte, wo er in einem Häuschen, das in der Nähe des Tatorts lag, zur Miete wohnte. Die Geschworenen in Hertford, die über Thurtell als Haupttäter, und Hunt und Probert als Helfershelfer zu Gericht saßen, verurteilten die beiden ersteren zum Tode, während Probert in seiner Eigenschaft als Kronzeuge mit dem Leben davonkam. Doch nur bei Thurtell wurde der Urteilsspruch am 8. Januar 1824 in Hertford vollstreckt. Noch nie hatte ein Mörder am Galgen geendet, der sich so viel Ruhm und Volkstümlichkeit wie Thurtell erworben hatte, und zwar nicht allein durch die Begleitumstände des Verbrechens und die damit verknüpften Legenden, sondern auch durch seine eindrucksvolle Verteidigungsrede vor Gericht und sein von Schließern und Wärtern bezeugtes Benehmen im Gefängnis unter dem Schatten des Todesurteils. Am merkwürdigsten ist aber die literarische Berühmtheit, zu der Thurtell und der Mord in Hertfordshire vom Jahre 1824 gelangten. In einer zeitgenössischen, Theodor Hook zugeschriebenen volkstümlichen Ballade finden wir einen gedrängten Auszug der Tatsachen in folgenden unsterblichen Versen:

They cut his throat from ear to ear;
His brains they battered in:
His name was Mr. William Weare,
He dwelt in Lyons Inn.

Die kraftvolle Einfachheit dieser Strophe imponierte Sir Walter Scott dermaßen, dass er sie öfter mit Wonne zitierte. Es scheint beinahe, als ob Sir Walter bei seinem eingehenden Studium der Mordliteratur nie auf eine Tat stieß, die ihn mehr begeistert hätte als die von Theodor Hook besungene. Wir lassen einen Auszug aus Scotts Tagebuchaufzeichnungen während der traurigen Monate in Abbotsford folgen, als der geschäftliche Ruin über ihn hereingebrochen war und das Unglück ihn tief daniederbeugte:

»16. Juli 1826. Schläfrig, stumpfsinnig, faul – habe die Bücher geordnet, worauf ich gänzlich unbrauchbar war, – wenn man nicht das drei bis vier Stunden lange Hinbrüten über einer Ausgabe der Gills-Hill-Tragödie »Studium« nennen will. Für rohe Gemüter ein wahrer Festschmaus! Denn, abgesehen von der Brutalität eines so ungewöhnlichen Mordes, kann man sich an den absonderlichen Luftsprüngen John Bulls ergötzen, die ihn zuletzt so benebelten, dass er anfing den scheußlichen Mörder Thurtell zu beweinen und die Blätter und Zweige der verhängnisvollen Hecke als kostbare Reliquien zu sammeln – ja, man drängte sich sogar in die Vorstadttheater, um den Schimmel und den gelben Wagen (*Gig*) zu sehen, in dem das Opfer des Verbrechens von einem Haus zum anderen transportiert wurde. Ich bin heute nicht über die Schwelle gekommen, so stumpfsinnig war mir zu Mute.«

Als Scott sich fast zwei Jahre später auf der Rückreise von London nach Schottland befand, konnte er der Versuchung nicht widerstehen, einen Umweg zu machen, um Gills Hill und die Überbleibsel von Proberts Landhaus zu besuchen. In seinem Tagebuch finden wir unter dem Datum vom 28. Mai 1828 eine Beschreibung des Ortes und seiner Eindrücke, die in folgendem Zitat aus Wordsworth zusammengefasst sind.

»Vor Zeiten nur ein Platz wie andre auch;
Heut' aber ruht ein Fluch auf diesem Ort.«

Carlyle, der ebenfalls die Gerichtsverhandlungen über den Fall Thurtell verfolgt hatte, entnahm ihnen einen seiner beharrlichsten und
meistbekannten Carlylismen. »Was für ein Mensch war Mr. Weare?«
wurde einer der Zeugen beim Verhör gefragt. »Ein sehr achtbarer
Mann,« lautete die Antwort. »Was verstehen Sie unter achtbar?«
forschte der Richter weiter. »Er hielt sich einen Gig,« erwiderte der
Zeuge. Mr. Weares »Gig« wurde von dem Augenblicke an Carlyles
Lieblingssymbol für Achtbarkeit, das er entweder einfach als »Gig«
oder in verallgemeinerter Form als »Gigbarkeit«, »entgigte Gigbarkeit« und anderen Zusammensetzungen unaufhörlich anwandte.

[46] Siehe die Nachschrift.

[47] Abraham Newland (Angestellter der Bank von England, der im
Jahre 1807 starb) ist heute vergessen. Zu der Zeit jedoch, als dieser
Text geschrieben wurde (1827), war von allen englischen Namen der
seine wohl der populärste, denn man las ihn auf allen großen und
kleinen Banknoten, und ein Vierteljahrhundert hindurch (ganz besonders während der Französischen Revolution) bildete er geradezu
das Merkmal höchster Sicherheit im Papiergeldverkehr.

[48] Hätte de Quincey die Edinburger Verhältnisse im Jahre 1827
besser gekannt, so wäre sein Hinweis auf jenen berüchtigten Mord
bei weitem nicht so flüchtig gewesen. Die näheren Umstände des
Verbrechens, die uns Robert Chamber in seinen *Edinburger Traditionen*
berichtet, sind folgende: Am 13. November 1806 fand man gegen fünf
Uhr abends in Tweeddale Court, einem engen neben der Highstreet
gelegenen Hof, der den Zugang zu den Hauptgebäuden der Bank der
Britischen Leinengesellschaft bildete, die Leiche William Begbies, eines Kassenboten, der am Nachmittag jenes Tages wie gewöhnlich eine
größere Geldsumme – in diesem Fall 4392 Pfund in Banknoten – aus
der Filiale in Leith an das Edinburgher Hauptgeschäft abzuliefern
hatte. Kurz nachdem er von der Hauptstraße her im letzten trüben
Zwielicht des scheidenden Novembertages den Hof betreten, hatte ein
Dolchstoß ihn mitten ins Herz getroffen. Bis ans Heft war die Mordwaffe, die noch im Körper des Ermordeten steckte, dem Unglücklichen
in die Brust gedrungen. Die breite, dünne Klinge hatte eine scharf ge-
schliffene Spitze, und das Heft war mit einem weichen Papierbausch
umwickelt, um der Hand des Mörders mehr Halt zu geben und ihn
vor dem spritzenden Blut zu schützen. All diese Umstände bewiesen,
dass der Mord sorgfältig vorbereitet worden war und das Fehlen der
Banknoten ihn als Raubmord kennzeichnete. Die Verfolgung des Verbrechers wurde sofort aufgenommen, man setzte auf die Ergreifung

des Mörders Belohnungen aus und nahm auch mehrfach Verhaftungen verdächtiger Personen vor. Allein alles, was man herausbekommen konnte, war, dass ein unbekannter Mann den Kassenboten von Leith aus auf Schritt und Tritt verfolgt habe, während andere wieder beobachtet haben wollten, wie ein Mann von Tweeddale Court quer über die High Street gelaufen und in einem nach Leith herunterführenden Gässchen auf der anderen Seite der Straße verschwunden sei. Monate waren darüber vergangen, und noch immer hatte man keine Spur von dem Mörder entdeckt. Da fand am 10. August 1807 ein Arbeiter auf einem augenblicklich unbewohnten Grundstück in der nördlichen Umgebung der Stadt einen Teil der geraubten Summe zufällig in einer Maueröffnung. Der Mörder hatte nur die geringwertigen Banknoten behalten und die auf höhere Summen lautenden im Betrage von ungefähr 3000 Pfund Sterling in jenes Loch gestopft. Auch diese Entdeckung brachte die Angelegenheit um keinen Schritt weiter. Jahre vergingen, und wenn auch hier und da einmal die öffentliche Meinung diesen oder jenen hartnäckig mit ihrem Verdacht verfolgte, so wurde doch der Mord Begbies allmählich zur Legende. Noch heutzutage, wo auch der Mörder – und wäre er steinalt geworden – schon manches Jahr im Grabe ruhen muss, erinnern sich die Passanten von Tweeddale Court jenes entsetzlichen Ereignisses, und der Ausdruck »Begbie-Mord« gilt in Edinburg als typisch für jede unaufgeklärte, mysteriöse Angelegenheit.

Am 23. Februar 1827, zur selben Zeit, als im *Blackwood* dieses Werk de Quinceys erschien, fand in Edinburg jenes berühmte Theater-Gründungsdiner statt, bei dem Sir Walter Scott den Vorsitz führte und durch einen Toast, den sein Freund, Lord Meadowbank, auf ihn ausbrachte, veranlasst wurde, die so lange getragene Maske fallen zu lassen und sich als den rechtmäßigen und einzigen Verfasser der Waverley-Romane zu bekennen. Die Beifallsstürme, die dieses Geständnis entfesselte, waren noch nicht verhallt, und Sir Walter hatte kaum seinen Sitz wieder eingenommen, als er an einen in seiner Nähe sitzenden Festteilnehmer, den wohl bekannten Mr. Patrick Robertson, alias *»Peter Dickwanst«*, den witzigen Falstaff der schottischen Advokatenwelt und späterhin der schottischen Abgeordnetenbank, ein Zettelchen schickte. Peter stand als Nächster auf der Rednerliste des Abends, und Sir Walter Scott forderte ihn – wie Lockhart zu berichten weiß – durch jenes Zettelchen auf, nun auch seinerseits irgendetwas zu bekennen – und sei es die Täterschaft des »Begbie-Mordes«.

49 Dieser Artikel erschien ursprünglich im *Blackwood*-November-heft 1839, fast dreizehn Jahre nach der Veröffentlichung des ersten Artikels.

50 Im Originalartikel fand sich folgende Einleitung: »Doktor North! Da Sie ein freidenkender Mann sind, freidenkend im wahren Sinne jenes Wortes, mit dem im Kauderwelsch moderner Politiker und Schulmeister so viel Missbrauch getrieben wird, bin ich der festen Überzeugung, bei Ihnen Verständnis zu finden. Man hat mir übel mitgespielt, Herr Doktor – sehr übel! In der Hoffnung, dass Sie alles wieder ins Lot bringen werden, gestatte ich mir, Ihnen in Kürze einige Erklärungen zu geben und ein Bild schwärzester Verleumdung vor Ihnen zu entrollen. Ein zürnendes Stirnrunzeln Ihrerseits oder ein drohendes Schütteln des Krückstocks an die richtige Adresse wird mein Ansehen in der öffentlichen Meinung, die zu meinem größten Leidwesen dank der Wühlarbeit böswilliger Verleumder mir und meinen Freunden recht feindlich gesonnen ist, wiederherstellen. Doch nun zur Sache!«

Der Artikel fährt dann wie oben fort, nur dass die Worte »wie Sie (das heißt Dr. North) sich entsinnen werden« durch »wie sich der geschätzte Leser entsinnen wird« ersetzt sind. Diese Abänderung ist durch den ganzen Artikel beibehalten.

51 »Ihre« Majestät: In der Vorlesung sagte ich, da zu jener Zeit [1827] Wilhelm IV. [nein, Georg IV.] auf dem Thron saß, mit Bezug auf den Herrscher »Seine« Majestät; doch zwischen der Vorlesung und dieser Ergänzung liegt die Thronbesteigung unserer jetzigen Königin (diese Fußnote wurde im Jahre 1854 hinzugefügt).

52 An einer anderen Stelle erklärt de Quincey die Bedeutung des Ausdrucks »Zivilation«. So würde jemand, dem nach einem guten Diner die Zunge etwas schwer geworden ist, das Wort »Zivilisation« aussprechen.

53 In ihrer ursprünglichen Fassung lautete die Stelle im *Blackwood* folgendermaßen: »Ich trete stets für Tugend, Güte und dergleichen ein.« Der Satz ist nicht nur verändert und erweitert worden, es fehlt auch etwas, das de Quincey in der Ausgabe von 1854 ausgelassen hat.

54 *Die Triumphe des göttlichen Strafgerichts über die zum Himmel schreiende, fluchwürdige Sünde des Mordes*, London 1621. Es folgten noch fünf Fortsetzungen, die im Jahre 1635 mit dem ersten Teil in einem Band vereinigt wurden. Im Jahre 1679 erschien eine neue, erweiterte Auflage.

| 145

55 Es ist das schreckliche Buch gemeint, das Nigel zu später Nachtstunde auf seinem, im Hause des alten Geizhalses Trapbois befindlichen Zimmer liest, als er das entsetzliche Geschrei der Martha Trapbois hört, die eben den Mord an ihrem Vater entdeckt hat. Scott beschreibt es folgendermaßen: »Das Buch *Gottes Strafgericht über den Mord* war nicht, wie ein Bücherwurm leicht mutmaßen könnte, das von Reynolds unter diesem Titel veröffentlichte Werk, sondern ein von dem alten Wolfe gedrucktes und verlegtes Werk früheren Datums.« Doch hätte eins der frühesten Exemplare von Reynolds' Buch fast mit dem Datum der Geschichte übereingestimmt.

56 Hier ist eine Zeile aus den Schlussstrophen von Grays *Elegie* angeführt:

»Nicht Wald noch Wiese kannten seine Spur.«

De Quincey behält diesen Rhythmus in seiner scherzhaften Parodie jener andern, den einsamen Dichter beschreibenden Strophe bei:

»Zum Fuße jener Birke folge mir,
Die ihre nackten Wurzeln kraus verstrickt.
Zur Mittagsstunde siehst du, wie er hier
Lang ausgestreckt ins Murmelbächlein blickt.«

57 Hier verfällt der Autor ebenfalls in das selbe Versmaß.

58 Ungefähr ums Jahr 1831 entschlossen sich die britischen Behörden, energische Maßregeln zur Unterdrückung der Thugs zu ergreifen. Es war dies ein Bund oder eine Sekte im nördlichen Teile Vorderindiens, die unter dem Deckmantel überlieferter religiöser Gebräuche Wegelagerei betrieb, Reisende ermordete und nach sorgfältiger Bestattung der Erschlagenen die Beute unter sich verteilte. Eins der ersten über Thugs und Thuggismus erschienenen Bücher waren die von Thornton im Jahre 1837 veröffentlichten *Erläuterungen zu der Geschichte und den Gebräuchen der Thugs*.

59 Im Jahre 1828 wurde ganz Edinburg durch die Entdeckung in Schrecken versetzt, dass zwei Iren, William Burke und William Hare, unter der Beihilfe einiger Mitschuldiger einen regelrechten Handel mit den Körpern Ermordeter zu anatomischen Zwecken betrieben hatten. Sie lockten umherziehendes fremdes Volk, Bettelweiber, Schwachsinnige und dergleichen armselige Wesen, nach denen voraussichtlich niemand fragen würde, in die Höhlen, wo sie hausten, besonders in Burkes ganz abseits am Westhafen gelegene Hofwohnung, versetzten sie dort in sinnlosen Rausch, um sie dann in diesem

Zustand zu ersticken oder zu erwürgen. Wie sich später ergab, waren den Mördern, ehe ihnen das Handwerk gelegt wurde, auf jene Weise sechzehn Personen zum Opfer gefallen. Burke, der zum Tode verurteilt wurde, endete am 28. Januar 1829 am Galgen, während sein Spießgeselle Hare zur großen Entrüstung des Publikums der gleichen Strafe dadurch entging, dass er bei der Untersuchung als Kronzeuge fungierte.

Als treffendes Beispiel für die Prägung einer Metonymie hat der Name des Edinburger Mörders von 1828 den Wortschatz der englischen Sprache um ein neugebildetes Wort bereichert. Man fing nämlich an, das Wort *burk* (ohne Schluß-e) als Verbum für »ersticken« zu gebrauchen, sowohl im buchstäblichen Sinne »durch Ersticken töten« (zum Beispiel wurde ein Hörsaal für Anatomie in einer Stadt Nordschottlands eine Zeitlang allgemein »Das Burke-Haus« genannt, weil man annahm, dass die Studienobjekte nach Burkescher Methode dorthin geliefert oder gar an Ort und Stelle fabriziert wurden) als auch in übertragener Bedeutung in Sätzen wie: »Seine Rede wurde geburkt«, das heißt von den ungeduldigen Zuhörern unterdrückt oder erstickt.

Hare, an dem der Edinburger Pöbel, falls er seiner habhaft geworden wäre, Lynchjustiz geübt hätte, lebte unter falschem Namen weiter; an welchen Orten, mag der Himmel wissen. Es ging die Sage, er wäre bei einem Anstreicher beschäftigt gewesen und von seinen Arbeitsgenossen, nachdem diese herausbekommen hatten, wer er war, mit Kalk begossen worden, wodurch er sein Augenlicht eingebüßt hätte. Vor mehr als zwanzig Jahren wurde mir ein alter, weißhaariger Mann, der am Gitter der Nationalgalerie auf dem Trafalgar Square zu betteln pflegte, als der Mörder Hare bezeichnet, was mir, da der Alte einen recht ehrwürdigen Eindruck machte, ziemlich unglaubwürdig erschien. Später hörte ich allerdings, dass auch an anderen Orten auffallende Erscheinungen blinder Bettler mit der Person Hares in Zusammenhang gebracht wurden.

[60] Siehe Anmerkung Nr. 21.

[61] v. Hammers *Geschichte der Assassinen* erschien im Jahre 1818.

[62] »Es müsste eigentlich heißen Spalte 1431, die Seitenzahl wäre demnach nur 716.

[63] Guido Panciroli, italienischer Jurist (geb. 1523, gest. 1599) war der Verfasser eines Werkes über verloren gegangene Künste und Erfindungen.

64 Diese Sammlung griechischer Epigramme von Planudes Maximus, einem byzantinischen Mönch des vierzehnten Jahrhunderts, erschien zuerst 1594 in Florenz.

65 Flavius Vopiscus, ein Schriftsteller des vierzehnten Jahrhunderts, war der Verfasser einiger jener Biografien römischer Kaiser, die unter dem Sammeltitel *Augusta Historia* bekannt sind.

66 Dieses Epigramm, das von Planudes in seiner griechischen Form erhalten ist, wird von Salmasius dem 148 v. Chr. geborenen und 103 v. Chr. gestorbenen Satiriker Caius Lucilius zugeschrieben. Unter den erhaltenen Fragmenten des Lucilius findet es sich jedoch nicht, und in der griechischen Form ist es anonym.

67 In dem griechischen Text des Epigramms war der Doktor »Krateas« und der Leichenwäscher/der Pollinktor »Damon« genannt, was die Leser des Originalartikels im *Blackwood* durch eine von Wilson dem Text de Quinceys beigefügte Anmerkung erfuhren. Ihr Wortlaut: »Hier das griechische Epigramm in einer Übertragung C. Ns.« (Christopher North.) Eine Wiedergabe des griechischen Textes erübrigt sich. Wilsons Übertragung (oder eigenes Machwerk?) lautet:

»Damon beweist Geschäftsgeist und Genie:
In Firma Krateas und Kompagnie,
Stiehlt er die Leichentücher über Nacht,
Woraus der Doktor Wundverbände macht.
Zum Dank dafür schickt dieser Ehrenmann
Dem Kompagnon all seine Toten dann.«

68 Siehe Anmerkung Nr. 59.

69 De Quincey fügt dieses Postskriptum im Jahre 1854 hinzu, als er die beiden vorhergehenden Schriften in seinen *Gesammelten Werken* abdruckte. Er nannte es einfach »Nachschrift«, doch passt der erweiterte, hier wiedergegebene Titel jetzt besser.

70 Die Anwendung des Wortes »Schrift« in der Einzahl lässt darauf schließen, dass die Nachschrift im Manuskript kurz nach der Veröffentlichung der »Ersten Vorlesung« und vor Abfassung der »Zweiten« entstand.

71 De Quincey beruft sich auf Swifts: *Ein bescheidener Vorschlag, wie man es verhüten kann, dass armer Leute Kinder in Irland ihren Eltern oder dem Staat zur Last fallen und wie man sie dem Volkswohle nutzbar machen könnte.(1729)* Ein paar ausgewählte Sätze sollen dem Leser eine Probe von der blutigen Ironie des irischen Dekans geben:

»Einer meiner Bekannten, ein sehr erfahrener Amerikaner, versicherte mir, dass ein gesundes, wohl gepflegtes einjähriges Kind köstliche, nahrhafte und bekömmliche Gerichte liefert, ganz gleich ob in gedämpftem, gebratenem, gebackenem oder gekochtem Zustande. Ich zweifle nicht daran, dass es sich auch als Frikassee oder Ragout verwenden lässt. Daher unterbreite ich folgenden ergebensten Vorschlag zur öffentlichen Erwägung: Von den durch Zählung festgestellten hundertundzwanzigtausend Kindern (die alljährlich in Irland zur Welt kommen) mögen zwanzigtausend, darunter der vierte Teil männliche, zur Zucht aufbewahrt werden, was schon einen höheren Prozentsatz bildet, als wir Schafen, Rindern oder Schweinen zugestehen. Die übrigen Hunderttausend mögen, wenn sie das erste Lebensjahr vollendet haben, den angesehensten und wohlhabendsten Leuten des Königreichs zum Kauf angeboten werden. Der Mutter ist dabei stets anzuraten, sie im letzten Monat recht reichlich zu nähren, damit sie die für einen feinen Tisch notwendige Rundlichkeit erlangen. Aus einem Kinde wird man zu einem Gesellschaftsessen zwei Gerichte herstellen können. Speist die Familie unter sich, so wird ein Vorder- oder Hinterviertel ausreichen. Mit Pfeffer und Salz bestreut, kann es gut am vierten Tage gekocht werden, besonders im Winter.«

Es ist danach kein Wunder, dass de Quincey diesen Vorgänger in seiner Entschuldigungsrede anführte. Christopher North hatte es bereits für ihn getan. Siehe Anmerkung Nr. 5.

[72] Am 24. Februar 1809.

[73] Es ist sonderbar, dass de Quincey das genaue Datum der Williams-Morde vergessen haben sollte. Sie fanden nämlich schon im Dezember 1811 statt. Vielleicht schrieb er aus dem Gedächtnis, und die durch jene Morde verursachte Panik dehnte sich bis zum Jahre 1812 aus.

[74] Ich weiß nicht genau, ob Southey zu jener Zeit beim Verlag des *Edinburger Jahresregisters* angestellt war. Trifft dies zu, so findet sich zweifellos im Unterhaltungsteil jener Chronik ein ausgezeichneter Bericht der ganzen Begebenheit.

[75] Sonnabend, den 7. Dezember 1811.

[76] Ein Künstler erzählte mir in diesem Jahr (1812), dass er ein neunhundert Mann starkes einheimisches Devonshire-Regiment (Freiwillige und Miliz) an sich vorübermarschieren gesehen und darunter kaum ein Dutzend Leute bemerkt habe, auf die der Ausdruck »gut aussehend« nicht gepasst hätte.

77 Ich entsinne mich der Geschichte der Gasbeleuchtung nicht mehr in chronologischer Reihenfolge. Doch wurden in London, nachdem ein Deutscher, namens Mr. Winsor, durch eine Probebeleuchtung in der Pall Mall am 28. Januar 1807 den Wert des Gaslichts und seine Verwendbarkeit zur Straßenbeleuchtung vorgeführt hatte, mehrere Stadtteile durch ihre alten Kontrakte mit Ölhändlern noch auf Jahre hinaus an der Einführung des neuen Systems gehindert.

78 Ein klareres Beispiel für den Unterschied zwischen »geschehen« und »bekannt werden« oder einen deutlicheren Tadel der missbräuchlichen Anwendung von »bekannt werden« im Sinne von »geschehen« gibt es kaum.

79 Einer interessanten, soeben von Mr. Charles Pollitt aus Kendal unter dem Titel *De Quincey als Herausgeber der Westmorland Gazette* veröffentlichten Schrift entnehmen wir, dass während der ganzen Zeit seiner redaktionellen Tätigkeit (vom 11. Juli 1818 bis zum 15. November 1819) de Quincey die Spalten dieses provinziellen Toryblattes mit Vorliebe durch Berichte über Schwurgerichtsverhandlungen und Mordprozesse füllte. »Während er mit der Zeitung in Verbindung stand«, so äußert sich Mr. Pollitt, »bildeten Schwurgerichtsverhandlungen nicht allein einen überwiegenden Teil, sondern oft den ausschließlichen Inhalt des verfügbaren Raumes.« Zur Erläuterung führt Mr. Pollitt folgende, der Zeitung vom 8. August 1818 entnommene Notiz an:

»Es wird dem Leser auffallen, dass die Spalten unseres Blattes in dieser Woche fast nur mit Gerichtsverhandlungen angefüllt sind. Aus folgenden drei Gründen glaubten wir ihnen berechtigterweise den Vorrang vor allen andern lokalen oder ausländischen Neuigkeiten einräumen zu müssen:

1. Weil sie allen Lesern, ohne Unterschied der Stellung, gleich interessant sind.

2. Weil sie auf die ungebildeteren Klassen ganz besonders wohltätig einwirken, indem sie diese auf das eindrücklichste über ihre sozialen Pflichten belehren: nämlich nicht in der abstrakten Form der Erklärung und des Verbots, wie der schroffe Wortlaut der Gesetzesparagraphen, sondern durch die Darstellung eines bestimmten Falles, einer Verkörperung jener Gesetzesforderung, wie die Logiker es nennen würden, und zwar gleichzeitig in Verbindung mit den Strafen, die eine Übertretung oder Außerachtlassung des Gesetzes nach sich zieht.

3. Weil sie den besten Überblick über den moralischen Zustand der Gesellschaft gewähren.«

Was die Westmorländer von dieser ständigen Versorgung mit Schauergeschichten durch die Herausgeber der »Gazette« hielten, weiß man nicht, doch scheint jene mit eine Ursache der Unzufriedenheit der Zeitungsverleger gewesen zu sein, die de Quinceys Redaktionstätigkeit ein frühes Ende bereitete, wie Mr. Pollitt meint.

[80] In der Donnerstagnacht, am 19. Dezember 1811.

[81] Möge der Leser, falls er geneigt sein sollte, die Williams beigemessene Bösartigkeit für übertrieben zu halten, bedenken, dass der Verbrecher außer dem Zweck wollüstigen Schwelgens in der verzweifelten Todesangst seines Opfers sonst überhaupt keine Gründe für den Mord an der Kleinen hatte. Sie schlief fest hinter geschlossener Tür, hatte weder etwas gesehen noch gehört, sodass sie ebenso wenig gegen ihn zeugen konnte wie die drei Leichen.

[82] Shelleys: *The Revolt of Islam.* 12. Gesang.

[83] De Quincey hat seiner Schilderung des Falles M'Kean kein Datum beigefügt. Die Verbrecher waren zwei Brüder, Alexander und Michael Mackean (auch M'Keand geschrieben), die am 18. August 1826 in Lancaster wegen des am 22. Mai an Elisabeth Bates, der Dienstmagd des Gastwirtes Joseph Blears aus Winton bei Manchester, begangenen Mordes zum Tode verurteilt wurden. Außer diesem einen tatsächlichen Schlachtopfer hatten die Verbrecher den Wirt durch Betäubung unschädlich gemacht und seine Frau beinahe ermordet. Ein im Hause weilender Knabe (Michael Higgins) hatte sich nur mit knapper Not in der von de Quincey beschriebenen Weise durch die Flucht retten können.

[84] Bei eingehender Prüfung aller Begleitenden Umstände war man zu der Ansicht gelangt, dass Williams seine Schandtaten allein ausgeführt haben müsse. Dass allerdings auch entgegengesetzte Annahme manche Wahrscheinlichkeitsgründe ins Feld zu führen vermochte, beweist zum Beispiel folgende Tatsache: Einige Stunden nach dem zweiten Mord wurde in Barnet, einer Bahnstation nördlich von London, ein Mann festgenommen, der eine beträchtliche Menge Tafelsilber mit sich führte, über dessen Erwerb und Verwendung er jede Auskunft verweigerte. Mit brennendem Interesse verfolgte er in den Tageszeitungen, die ihm im Gefängnis erreichbar waren, die polizeilichen Erhebungen über den Fall Williams, und an dem Tage, als der Selbstmord des berüchtigten Verbrechers bekannt wurde, machte auch jener Fremde seinem Leben mit eigener Hand ein Ende.

Verlagsanzeigen >

Bitte besuchen Sie uns: www.Autorenhaus.de

LARRY BEINHART
CRIME – Kriminalromane und Thriller schreiben

Deutsch von Kerstin Winter
232 Seiten · Deutsche Erstausgabe 2003
ISBN 3-932908-50-X

»Das Krimigenre ist ein großes Hotel mit jeder Menge freier Zimmer, die so gut wie jeder buchen kann. Schreiben Sie Ihr Werk so, wie Sie es selbst gerne lesen würden«, empfiehlt Bestsellerautor und *Gold-Dagger*-Preisträger Larry Beinhart und zeigt Schritt für Schritt, wie mitreißende Kriminalromane und Thriller entstehen.

»Wie Kriminalromane und Thriller geschrieben werden, erläutert Beinhart auf spannende wie auch lehrreiche Weise.« (*Das Magazin*)

GERHILD TIEGER
Lass laufen!

Mit den 36 dramatischen Situationen von Georges Polti
Beats, Wendepunkte, Krisen & Konflikte
160 Seiten · Erstausgabe 2004
ISBN 3-932909-60-7

Es gibt die 36 dramatische Grundsituationen von Georges Polti, die jeder Theater-, Drehbuch- und Romanautor kennen muss – hier die Essenz in der deutschen Erstveröffentlichung. Für Autoren, die Anregungen suchen, einen Wendepunkt brauchen oder die Story vorantreiben möchten, lösen die unzähligen Ideen, Plot Points und Story-Beats schon beim Durchblättern ein heftiges Brainstorming aus.

»Author's little helper!«

News für Autoren · Kurse · Ausschreibungen · Tipps

Bitte besuchen Sie uns: www.Autorenhaus.de

LAJOS EGRI
Literarisches Schreiben

Starke Charaktere, Originelle Ideen, Überzeugende Handlung

Deutsch von Kirsten Richers
208 Seiten · Deutsche Erstausgabe 2002
ISBN 3-932908-68-2

Ein vielzitierter Klassiker, den man nicht mehr aus der Hand legt. Zahlreiche Textbeispiele zeigen, wie man dreidimensionale Figuren schafft und sie psychologisch glaubwürdig handeln lässt.

»Für Leute, die Krimis, gut gebaute Geschichten oder Dramen schreiben wollen.« (*Buchkultur*)

LAJOS EGRI
Dramatisches Schreiben

Theater – Film – Roman

Deutsch von Kerstin Winter
344 Seiten · Deutsche Erstausgabe 2003
ISBN 3-932909-58-5

Lajos Egri, Gründer der Egri School of Writing in New York, Autor von Prosa- und Theaterstücken, schrieb das als Standardwerk anerkannte Buch *Dramatisches Schreiben*; es wurde in 18 Sprachen übersetzt. Egris Bücher gehören an vielen Universitäten in aller Welt zum Lehrstoff.

»Es ist das eine Buch, auf dem alle anderen basieren.« (*Reutlinger GAZ*)
»Drehbuch-Klassiker« (*epd-Filmdienst*)

News für Autoren · Kurse · Ausschreibungen · Tipps

Bitte besuchen Sie uns: www.Autorenhaus.de

TOM LAZARUS

Professionelle Drehbücher schreiben

Erfolgsmethoden für Film & TV

Deutsch von Kerstin Winter
220 Seiten · Deutsche Erstausgabe 2003
ISBN 3-932908-55-0

In *Professionelle Drehbücher schreiben* verrät Ihnen der preisgekrönte Filmemacher und Drehbuchautor Tom Lazarus die Geheimnisse eines Hollywood-Autors – Finessen, Tricks und Insidertipps, wie man eine Idee maximiert, nach welchen Kriterien Lektoren und Produzenten Drehbücher beurteilen und wie Sie überzeugend pitchen, ins Geschäft kommen – und bleiben.

»Tom is God!« *(Ein Student)*

CHRISTOPHER KEANE

Schritt für Schritt zum erfolgreichen Drehbuch

Mit einem vollständigen, kommentierten Drehbuch

Vorwort von Casablanca-Autor
Julius J. Epstein
Deutsch von Kerstin Winter
408 Seiten · Deutsche Erstausgabe 2002
ISBN 3-932909-64-X

»Dieses Buch ist eine Alternative für alle, die sich nicht mit den philosophischen Betrachtungen ... aufhalten und gleich ans Eingemachte wollen. Christopher Keane verrät seine Erfolgsrezepte. Das Gütesiegel ist garantiert, wenn der Koautor von Casablanca das Vorwort verfasst.« *(Neue Zürcher Zeitung)*

News für Autoren · Kurse · Ausschreibungen · Tipps

Autorenhaus-Verlagsprogramm

Handbuch für Erst-Autoren

Literaturpreise und Autorenförderung

Deutsches Jahrbuch für Autoren, Autorinnen

Vom Schreiben leben: Schriftsteller

Brande: Schriftsteller werden

Bradbury: Zen in der Kunst des Schreibens

Zinsser: Schreiben wie ein Schriftsteller. Fach- und Sachbuch

Egri: Literarisches Schreiben

Goldberg: Schreiben in Cafés

Bauer: Liebesromane schreiben

Benedict: Erotik schreiben

Beinhart: CRIME – Krimi und Thriller schreiben

de Quincey: Der Mord als eine schöne Kunst betrachtet

Tieger: Lass laufen!

Egri: Dramatisches Schreiben

Freytag: Die Technik des Dramas

Keane: Schritt für Schritt zum erfolgreichen Drehbuch

Lazarus: Professionelle Drehbücher schreiben

www.Autorenhaus.de

Autorenhaus-Verlagsprogramm

Bronner: Schreiben fürs Fernsehen

Script-Markt. Handbuch Film & TV

Chabrol: Wie man einen Film macht

Strubel: Komm zum Film

Plinke: Mini-Verlag

Plinke, Nordemann: Recht für Autoren

Radke: Word für Autoren und Selbstverleger

Hübsch: Little Mags – Literaturzeitschriften

Schwarz: So verkaufen Sie Ihr Buch!

In Vorbereitung:

Steele, Carver: Creative Writing: Romane und Kurzgeschichten schreiben

Rainer: Tagebuch schreiben

Barrington: Autobiografie schreiben

Goldberg: Raum zum Schreiben

»*Profunde Sachinformation von hohem Gebrauchswert.*«

Verlagsporträt im ›Börsenblatt für den Deutschen Buchhandel‹

www.Autorenhaus.de

Autorenhaus

Die deutsche Ratgeber-Homepage
für alle, die schreiben und veröffentlichen

Service für Autorinnen und Autoren

Informationen & Adressen

- Alle News für Autoren
- Alle Seminare **NEU**
- Dienstleister-Datenbank
- Titelrecherche **NEU**
- Tipps für Wettbewerbe
- Schreibtipps
- Sprachlos
- Goethes Verbote
- Wörter des Jahres
- Wörterbücher

- Schriftstellerfilme
- Filmwörterbuch
- Original-Drehbücher
- Filmfehler

- Autorenverbände
- Autoren-Schreibtisch
- Der spitze Stift
- Autoren-Bibliothek
- Literaturbüros
- Literaturzeitschriften
- Verlagsadressen
- Zuschussverlage

- Presse

Ratgeber für Autorinnen und Autoren

Kreatives Schreiben

Theater & Film

Schreiben & Veröffentlichen

- Neuerscheinungen 2004

Aktuelle News

 Immer auf de Laufenden mit unserem Newsletter

Liebesromane schreiben?
06.01.2004
Nackenbeißer, Liebesgeschichten oder Liebesromane schreiben
weiterlesen...

Dichter und Honorare
06.01.2004
Ein Phänomen - oder Phantom?
weiterlesen...

Ingeborg-Bachmann-Preis
06.01.2004
28. Tage der deutschsprachigen Literatur
weiterlesen...

Aktuelle Kurse

15.01.2004
Internet: Warm-Up Textübung
Im Januar beginnt unsere neue TKT-Warm up. Sie wen...
weiterlesen...

15.01.2004
Berlin: Einführungskurs ins Drehbuchschreiben
Mit dem Thema "wie erzähle ich eine Geschichte gut...
weiterlesen...

Service

Kostenloser Newsletter:
Bitte hier anmelden.

[Ihre E Mail Adresse]

[Los!]

RDF Kommen Sie nicht zu den News lassen Sie die News zu sich kommen. Erfahren Sie mehr...

- Diese Seite weiterempfehlen
- Zu Favoriten hinzufügen
- Als Startseite festlegen

Vergriffene Bücher suchen:

[Titel hier angeben]

[Buch suchen]

---

www.Autorenhaus.de

News für Autoren · Kurse · Ausschreibungen · Tipps